ÉTUDES

SUR

LA CHRONOLOGIE

DES

ROIS DE FRANCE ET DE BOURGOGNE

D'APRÈS LES DIPLOMES ET LES CHARTES

DE L'ABBAYE DE CLUNY

AUX IXe ET Xe SIÈCLES

PAR

ALEXANDRE **BRUEL**

Archiviste aux Archives Nationales,
Ancien élève de l'École des chartes.

PARIS

1880

ÉTUDES

SUR LA CHRONOLOGIE

DES

ROIS DE FRANCE ET DE BOURGOGNE

Extrait de la *Bibliothèque de l'Ecole des chartes*, t. XLI.

ÉTUDES

SUR

LA CHRONOLOGIE

DES

ROIS DE FRANCE ET DE BOURGOGNE

D'APRÈS LES DIPLOMES ET LES CHARTES

DE L'ABBAYE DE CLUNY

AUX IXe ET Xe SIÈCLES

PAR

Alexandre BRUEL

Archiviste aux Archives Nationales,
Ancien élève de l'École des chartes.

PARIS

1880

ÉTUDES
SUR LA CHRONOLOGIE

DES

ROIS DE FRANCE ET DE BOURGOGNE

D'APRÈS LES DIPLOMES ET LES CHARTES

DE L'ABBAYE DE CLUNY

AUX IXe ET Xe SIÈCLES.

Les observations qui vont suivre sont tirées des deux premiers volumes du *Recueil des chartes de l'abbaye de Cluny*; elles s'appliquent à la période comprise entre le commencement du IXe siècle et la fin du Xe, ou plus exactement au temps écoulé depuis le règne de Louis le Débonnaire jusqu'à la fin de la dynastie carolingienne. Les diplômes que nous avons publiés et qui sont émanés des empereurs et des rois, ne présentent, en général, que peu d'anomalies dignes d'être notées ; ils sont la plupart du temps conformes aux règles ordinaires propres à la chronologie de chaque souverain. Mais il n'en est pas de même des actes privés : ceux-ci, beaucoup plus nombreux que les diplômes, s'écartent fréquemment des règles ordinairement suivies en ces matières par les chanceliers des rois ; indépendamment des points de départ usités dans les actes déjà connus et indiqués dans les traités de Diplomatique, nous en avons rencontré plusieurs tout à fait inconnus jusqu'à présent. Il y a plus, certains actes sont tout à fait irréguliers, et pour les dater il a fallu proposer des corrections qui demandent à être expliquées et justifiées. Nous avons pensé que l'exposé de ces faits nouveaux et des solutions que nous avons cru devoir donner à ces difficultés, pourrait présenter quelque utilité, même abstraction faite des textes qui nous ont fourni les dates à étudier.

Une des principales difficultés de la chronologie au moyen âge, dans la période qui a précédé le XIIe siècle, est l'absence du millésime. Ce fait est particulièrement sensible aux IXe et Xe siècles ; sur plus de dix-sept cents chartes ou diplômes des années 802 à 987, nous n'avons que quarante exemples d'actes datés de l'année de l'Incarnation[1].

Pour suppléer à l'absence du millésime, les rédacteurs dataient les actes par les années des rois, à l'imitation des Romains, qui comptaient par les années des consuls ; mais ici se rencontre une nouvelle cause d'incertitude et de confusion, la similitude des noms de certains rois, tels que Lothaire, Louis, Charles, Carloman, Raoul ou Rodolphe, qui régnaient soit en même temps sur des territoires voisins, soit dans le même pays, et successivement, mais dans des temps fort rapprochés. Un des meilleurs moyens de dissiper cette confusion est de s'aider des synchronismes, qui permettent de préciser, par comparaison, le nom du roi dont il s'agit. Nous avons eu soin de ne pas négliger quelques autres ressources, quand elles se sont présentées, comme la mention des dates de lieu, qui indiquent sous quelle autorité l'acte a été rédigé. Enfin, le nom du roi étant déterminé, il reste à résoudre une dernière question. De quel moment le rédacteur a-t-il compté le commencement du règne ? Quel événement a-t-il pris pour point de départ ? Nous avons dû nous poser sans cesse cette question pour fixer la date de nos chartes, et les points de départ que nous avons reconnus devront être justifiés. Telles sont les conditions dans lesquelles fonctionne la chronologie de ces époques reculées.

Ce travail sera divisé en deux parties. Dans la première, nous étudierons la chronologie tirée du règne des empereurs et des rois carolingiens ; dans la seconde, nous examinerons celle qui nous est fournie par les chartes et diplômes des rois de Bourgogne que l'on a appelés quelquefois Bosonides et Hugonides, du nom de ceux qui furent les chefs de ces races royales. Nous joindrons à

---

1. Soit 22 dans le premier volume et 18 dans le second; sur ce nombre, il y a 14 diplômes, les autres sont des chartes privées.

cette étude quelques remarques sur la Chronologie proprement dite, c'est-à-dire sur l'emploi de l'année de l'Incarnation, des Indictions et de l'Olympiade, pendant la même période[1].

PREMIÈRE PARTIE.

I. — Louis le Débonnaire, empereur.

Louis, fils de Charlemagne et d'Hildegarde, nommé roi d'Aquitaine à sa naissance, sacré à Rome le jour de Pâques 781, fut associé à l'empire au mois de septembre 813, et succéda à son père le 28 janvier 814. Il mourut le 20 juin 840.

Nous avons trois actes datés du règne de ce prince, nous allons les étudier en reproduisant le texte même des dates, comme nous le ferons dans toute la suite de ce travail :

N° 3. (B. N. cop. 283-3[2].) *Facta noticia die lunis, primo quodam menses febroarius, in anno, Christo propitio, primo imperante gloriosissimi domini nostri Ludovici imperatoris.* Cette charte a été datée du 1er février 814 (?); mais il y a une difficulté résultant de ce qu'en 814 le 1er février tombe un mercredi et non pas un lundi. M. A. Bernard avait proposé de lire comme s'il y avait : le premier lundi de février, qui serait le 6; mais il serait encore difficile d'admettre qu'à Tournon[3] l'on savait déjà à cette date le changement de règne, Charlemagne

---

1. En préparant l'édition des *Chartes de l'abbaye de Cluny*, M. A. Bernard avait étudié quelques-unes de ces questions de chronologie. On trouvera cités plus loin les articles qu'il avait insérés dans les *Mémoires de la Société des antiquaires de France*. Il avait même entrepris un travail d'ensemble sur la chronologie des rois de France et de Bourgogne, mais les notes qu'il a laissées sont trop informes et trop incomplètes pour être publiées, et, voulant traiter le même sujet, nous avons dû refaire le travail entièrement.

2. Nous avons cru utile de joindre au numéro de chaque charte la note indiquant la source qui l'a fournie, original ou copie. L'explication de ces abréviations se trouve en tête du t. I du *Recueil des chartes de l'abbaye de Cluny*.

3. Quant au lieu où cette notice a été rédigée, *Tornone castro*, il faudrait y voir, d'après M. Brun-Durand, non pas Tournon (Ardèche), mais Tournon (Isère), commune d'Amblagnieu. (Voir une note sur ce sujet dans la *Revue des sociétés savantes*, 6e série, t. III, mai-juin 1876, p. 505-506.)

étant mort, comme on sait, à Aix-la-Chapelle le 28 janvier précédent. Toutefois, cette date acquiert plus de vraisemblance à mesure que l'on s'éloigne des premiers jours de février. D'ailleurs, l'envoi de *Missi* dans la Bourgogne dès le commencement du règne de Louis le Pieux est certain, comme on le voit par un passage du *Gallia christiana*, tome IV, col. 54, sous l'archevêque Leidrade : *Anno 814, initio imperii Ludovici, cum lis esset de teloneo in urbe Matiscone, Hildebaldus episcopus imperatorem adiit, qui, ut fert ejus preceptum, missum suum venerabilem Leidradum ad hanc rem investigandam et diligenter inquirendam direxit.* Or, l'archevêque Leidrade abdiqua en 814 : il faut donc que ce soit au mois de février de cette année qu'il ait rempli la mission dont il fut chargé. Notre charte dit également que Leidrade fut envoyé pour réparer les torts qui avaient été commis du temps du père de l'empereur. D'autre part, on ne connaît pas d'autre commencement du règne de Louis le Pieux que le 28 janvier 814. Il faut donc, en signalant cette difficulté, conclure en faisant remarquer que la rédaction même de la date présente quelque obscurité (*die lunis primo quodam menses febroarius*) que la vue seule de l'original donnerait peut-être des chances de dissiper.

N° 7. (B. N. cop. 283-5.) *Ego Uboldus, presbiter, rogatus hoc dotalicium scripsi, datavi anno XX imperii domini nostri Ludovici imperatoris.* 833 (?). Cet acte aurait été plus exactement daté de 833-834.

Nous avons réservé pour la fin le n° 2, dont la date est ainsi conçue : (B. N. or. 1.) *Octingentesimo tertio decimo anno ab incarnatione Domini, indictione octava, tertio anno imperii mei, primo anno Domini Stephani IIII pape.* Cet acte, relatif à un monastère italien affilié à l'ordre de Cluny et perdu sans doute par lui de bonne heure, est manifestement apocryphe. Nous ne le connaissons que par une copie du XIIe siècle et il a été vraisemblablement fabriqué, sinon à cette époque, du moins en un temps postérieur au IXe siècle. Mais nous n'avons à nous en occuper ici qu'au point de vue de la chronologie. La date offre cette difficulté que l'année de l'Incarnation ne peut se concilier avec les autres notes chronologiques. La troisième année de l'empire de Louis le Pieux, la première du pape Etienne IV, concourent avec l'an 816 ; mais l'indiction romaine de cette année est 9, au lieu de 8. L'année de l'Incarnation est 813 ; toutefois cela importe assez peu, car il n'y a pas à s'appuyer sur cette pièce au point de vue diplomatique [1].

II. — LOTHAIRE Ier, EMPEREUR.

Nous n'avons qu'une seule charte datée par les années de ce prince et elle se rapporte nécessairement à lui, car il est le seul prince du nom de Lothaire qui ait possédé le Viennois comme empereur. Voici cette date : n° 8 (B. N. cop. 2-43). *Datavit die mercoris, in mense madio, annos V regnante domno nostro Lotario, gracia Dei imperatore.* 845, mai.

III. — LOTHAIRE II, ROI DE LORRAINE.

Lothaire, second fils de l'empereur Lothaire, lui succéda dans cette partie du royaume d'Austrasie que l'on a depuis appelée Lothierrègne ou Lorraine. Il y ajouta le duché de Lyon, après la mort de son jeune frère Charles, roi de Provence, en 863. Il fut inauguré à Metz, le 22 septembre 855, et mourut à Plaisance le 8 août 869. A cette époque, Charles le Chauve, roi de France, s'empara de tous les états de son neveu, au préjudice de son frère Louis.

Nous avons deux chartes datées non pas du règne, mais de la mort de ce prince, et qui montrent quelle indécision régnait à cette date sur les droits des deux compétiteurs qui se disputaient la succession de Lothaire.

N° 14. (B. N. cop. 2-84.) *Datavit die lunis proxsimo post kalendas marcias, anno primo quo Lotarius rex, filius at alio Lothario, de ac vita transmigravit.* 870, 6 mars.

N° 15. (B. N. cop. 13-139.) *Die martis, in mense aprili, anno primo co Lotharius rex obiit.*

IV. — CHARLES LE CHAUVE, EMPEREUR.

Charles le Chauve, fils de Louis le Débonnaire et de Judith, succéda à son père comme roi de France le 20 juin 840, fut cou-

---

[1]. C'est ainsi, par exemple, qu'à la date l'empereur s'exprime dans tous ses diplômes au pluriel et non au singulier; il aurait donc fallu *tertio anno imperii nostri* et non pas *mei*.

ronné roi d'une partie de la Lorraine le 9 septembre 870, un an après la mort de son neveu Lothaire, dont nous venons de parler, et reçut la couronne impériale, à Rome, le 25 décembre 875 ; il ne jouit pas longtemps de l'empire, et mourut le 6 octobre 877.

Nous avons dix chartes ou diplômes qui portent la date de son règne ; les années partent toutes, sauf une exception, du 20 juin 840. Nous examinerons d'abord deux chartes dont la date offre quelque doute à cause de la confusion qui peut s'établir entre les noms de Charles le Chauve et de Charles le Simple.

N° 9. (B. N. cop. 2-43.) *Die veneris, mense octobris, anno XXIIII regnante Karolo rege.* 863 (?), octobre.

N° 10. (B. N. cop. 2-63.) *In mense setember, in anno XXVII rennante domino nostro Karlo rege.* 866 (?), septembre.

Les dates que nous avons adoptées sont celles du règne de Charles le Chauve, mais nous ne les avons données qu'avec hésitation, car si d'une part L. de Barive, qui a eu les originaux sous les yeux, les a jugés être du ixe siècle, d'autre part l'opinion de ce critique est loin d'être infaillible, et d'après les données de l'histoire, il paraît que Charles le Chauve n'eut d'autorité en Bourgogne qu'après la mort de son neveu Lothaire, c'est-à-dire après 869.

Toutefois, nous avons un diplôme relatif au Mâconnais, qui est certainement de Charles le Chauve, et qui doit être daté de 867 environ. En voici la date et les souscriptions : N° 11. (C. 132.) *Signum Karoli gloriosissimi regis. Jonas, diaconus, ad vicem Fludovici (Hludovici) recognovi. Actum Rauciaco villa, regnante domno Karolo, gloriosissimo rege, in Dei nomine feliciter.* Or, l'officier de chancellerie Jonas est le premier des notaires employés par le chancelier Louis, qui exerça ses fonctions de la 1re à la 27e année de Charles le Chauve, c'est-à-dire au plus tard en 866-867. Il semble donc que cette date justifie les deux premières.

L'acte suivant est caractéristique et offre une date spéciale, celle du règne de Charles le Chauve dans les états où il s'était fait reconnaître après la mort de son neveu Lothaire :

N° 12. (B. N. cop. 2-89.) *Die mercoris, in mense novembri, anno primo regnante domno nostro Karolo rege, post nepoti suo Lotario regnante.* 869, novembre.

A partir de ce moment, on trouve une suite d'actes datés des années du roi Charles le Chauve, suivant le calcul ordinaire, et d'abord deux diplômes :

N° 16. (C. 118 et 133.) *Data* vi *idus junii, indictione IIII anno XXXI regnante Karolo gloriosissimo rege.* 871, 8 juin.

N° 17. (Or. 195, 5°.) Le second diplôme, qui nous est parvenu dans une copie du xiie siècle, est d'une authenticité fort douteuse. Il concerne l'abbaye de Saint-Pierre et Saint-Paul de Solignac, au diocèse de Limoges. Or, cette mention est unique dans les titres de l'abbaye de Cluny, et Solignac ne figure plus parmi les églises qui en dépendaient, dans le pouillé du xive siècle[1]. Quoi qu'il en soit, la date est ainsi conçue : *Datum* xv *kal. augusti, anno XXXIII regnante Karolo gloriosissimo rege, et in successione Lotharii IV anno. Actum apud Lemovicas civitate, adstante et concedente Turpione episcopo.* Cet acte, que le *Recueil des chartes de l'abbaye de Cluny* ne fait que mentionner, a été publié par Baluze, qui l'a attribué au règne de Charles le Simple, sans doute à cause du synchronisme de Turpion, évêque de Limoges, contemporain de ce prince. Mais la mention de la succession de Lothaire, *in successione Lotharii*, oblige à rapporter cet acte au temps de Charles le Chauve. C'est pourquoi nous l'avons daté de 872, 18 juillet. Il est probable que l'acte primitif ayant été remanié, il s'est produit une confusion de nom au sujet de l'évêque de Limoges.

N° 18. (B. N. cop. 2-135.) *Die veneris, in mense octobri, anno XXXIIII regnante Carolo rege.* 873, octobre[2].

N° 19. (B. N. cop. 2-129.) *Die mercoris, in mense madio, in annos XXXIIII regnante Karlo rege.* 874, mai[3].

N° 20. (B. N. cop. 7-238.) *Die mercoris, in mense madio, in an[nos XXXIIII regnante Karlo re]ge.* 874, mai. Nous avons donné à cet acte la même date d'année qu'au n° 19, parce qu'on y voit paraître les mêmes personnages, et que tous deux sont passés au même lieu, dans le même mois et le même jour de la semaine.

Enfin nous avons encore un diplôme de ce prince, sans date

---

1. *Biblioth. Cluniacensis*, col. 1705 et suiv.
2. C'est par erreur que l'on a accompagné cette date d'un signe de doute, 873(?). La date est certaine, on ne saurait l'attribuer avec vraisemblance à Charles le Simple, car dans le calcul ordinaire des années de ce roi, et rien n'autorise à adopter ici un autre comput, il n'a que 31 années de règne et non pas 34.
3. Même observation pour les n°s 19 et 20 dont les dates sont certaines.

d'année, mais comme il y prend le titre d'empereur (n° 21. (C. 130.) *Karolus, gratia Dei imperator augustus ..... Signum gloriosissimi imperatoris Karoli augusti*), cet acte est forcément de 876-877, car Charles le Chauve, nommé empereur à Rome le 25 décembre 875, mourut le 6 octobre 877.

Pour terminer ce qui concerne ce prince, nous mentionnerons un acte dans lequel les années doivent être comptées d'un point de départ un peu différent. C'est le n° 13 (B. N. cop. 2-150), dont la date présente quelque difficulté par suite probablement d'une erreur du copiste: *Die mercoris, ipso kalendas marcias, anno XXXX regnante domno nostro Karlo regem.* En ces termes, cette date n'est applicable ni à Charles le Simple, ni à Charles le Chauve. Charles le Simple, en effet, n'a pas régné quarante ans, et Charles le Chauve n'est arrivé à ce nombre d'années que si l'on fait remonter son règne à l'année 837, lorsqu'il reçut en partage le royaume de Neustrie. 837 et 40 nous mènent à 877. Or, le 1ᵉʳ mars n'est tombé un mercredi qu'en 870, qui correspond à la 33ᵉ année du règne seulement, ou en 881, c'est-à-dire quatre années après la mort de Charles le Chauve. Pour sortir de cette difficulté, on peut admettre, suivant nous, que le scribe a écrit XXXX au lieu de XXX, et pour arriver à l'année 870 qui concorde avec les notes chronologiques du jour de la semaine et du mois, il suffit de faire partir le règne de Charles le Chauve du 7 juin 839, date de son sacre comme roi de France. C'est ainsi que nous croyons pouvoir justifier la date du 1ᵉʳ mars 870, que nous avons adoptée.

V. — Louis le Bègue.

Louis, fils de Charles le Chauve, déjà roi d'Aquitaine depuis 867, succéda le 6 octobre 877 à son père; il mourut le 10 avril 879. Louis le Bègue étendit son pouvoir sur la Bourgogne, puisque l'on voit par un acte de ses fils Louis et Carloman qu'ils succédèrent à son pouvoir dans ce pays[1]. Aussi nous avons cru pouvoir lui attribuer l'acte suivant :

N° 22. (B. N. cop. 2-190.) *Ego Lecbaldus escripsit, datavit die sabato, in mense maio, anno primo regnante Ludovico rege.*

---

1. Voir plus loin § VI, n° 24.

Toutefois, nous devons reconnaître que nous avons trouvé depuis un acte de même nature que celui-ci, savoir une charte de gage, relative au même pays de Châlonnais, à la même *finis*, qui paraît rédigée par le même scribe (*Lecboldus* au lieu de *Lecbaldus*) et qui est datée de l'an 30 de Lothaire, c'est-à-dire de 984. Notre acte, si l'on admet l'identité du scribe, serait donc plutôt de l'an Ier de Louis V et des années 986-987. Ceci montre combien il est parfois difficile de dater sûrement des actes en l'absence de synchronismes, et surtout d'après des copies modernes.

VI. — Louis III et Carloman.

Louis III et Carloman, fils de Louis II le Bègue, succédèrent à leur père dans le mois d'avril 879. En 880, par un traité fait entre eux, Louis III obtint les pays qui dépendaient de la Neustrie et de l'ancien royaume d'Austrasie en deçà de la Meuse. Dans ce traité, Carloman avait obtenu le royaume de Bourgogne et d'Aquitaine, Toulouse, la Septimanie et une partie de la Lorraine. Louis III mourut le 3 ou le 5 août 882. Son frère Carloman lui succéda et mourut à son tour le 6 décembre 884.

Nous n'avons que trois actes de ces princes, mais le premier offre une date remarquable en ce qu'elle nous donne le synchronisme de la 2e année du règne de Boson et de la venue des deux fils de Louis le Bègue en Bourgogne. La voici :

N° 24. (B. N. cop. 2-201.) *Die sabato, in mense jugnnio, in anno secundo Bosoni, rege de Borgundia, et in primo anno quando Ludovicus et Karlamannus Borgundia possidere venerunt, post obito genitore illorum, Ludovico, filio Karlo qui imperavit*[1]. Le synchronisme de Boson, qui fut reconnu roi de Bourgogne à Mantaille, le 15 octobre 879, fixe la date de cette pièce à 881, juin. La formule de l'acte rappelle la guerre que Louis III et Carloman firent à Boson, après que celui-ci eut proclamé son indépendance, et dans laquelle ils lui reprirent une partie de la Bourgogne et particulièrement le Mâconnais.

VII. — Carloman seul roi.

Après la mort de Louis III, Carloman resta seul roi. Nous

---

[1]. Cité dans Terrebasse. *Œuvres posthumes.* Histoire de Boson, p. 101.

avons un acte de vente passé à Sivignon, aux environs de Meulin en Autunois, et dont la date est telle : n° 25. (B. N. cop. 2-203.) *Die mercoris, anno II Karlamanno rege*. 881. Cet acte montre que Carloman fut reconnu en Mâconnais et en Autunois, et qu'il s'y maintint après la prise de Mâcon vers le mois d'août 880, et la bataille de Crèches qui suivit.

Nous avons encore un autre acte qui rappelle le souvenir de Carloman et qui montre que Charles le Gros ne fut pas reconnu immédiatement en Bourgogne après la mort de Carloman. C'est un acte donné à Command, en Mâconnais. N° 27. (B. N. cop. 3-3.) La date est ainsi conçue : *Die dominico, in mense febroario, in anno primo post obitum Carleman rege*. Cet acte, daté de 885, février, témoigne également que Boson n'avait aucun pouvoir, à cette époque-là, en Bourgogne. Carloman mourut le 6 décembre 884.

VIII. — Charles le Gros, empereur.

Charles le Gros, petit-fils de Louis le Débonnaire par Louis le Germanique, était déjà roi d'Italie depuis 880, empereur depuis le mois de janvier ou de février 881, et roi de Saxe (20 janvier 882), lorsqu'il fut nommé roi de France, après la mort de Carloman, au mois de décembre 884 ; proclamé à la fin du mois suivant et déposé le 11 novembre 887, il mourut le 12 janvier 888. Les actes que nous allons énumérer sont datés du règne de Charles le Gros en France, c'est-à-dire à partir de décembre 884.

N° 28. (B. N. cop. 3-70.) *Die mercoris, in mense marcio, anno primo regnante Karlo rege sive imperatore*. 885, mars. Cet acte étant daté de Command, il s'ensuivrait que Charles aurait été reconnu en Mâconnais entre les mois de février et de mars 885.

N° 30. (B. N. cop. 3-34.) *Die sabato, in mense junio, anno primo post obitum Bosone et regnante Karolo imperatore*. 887, juin. Boson mourut le 4 janvier 887. On voit que, quoiqu'il eût été dépossédé par les fils de Louis le Bègue, son souvenir vivait encore en Bourgogne.

N° 31. (C. 120.) *Anno igitur incarnationis Dominicæ DCCCLXXXVII imperante domno augusto Carolo, ordinatione nihilominus nostri pontificatus [Geraldi episcopi Matisconensis] secundo, indictione V*. 887. C'est un des rares exemples que nous ayons de l'année de l'Incarnation au ix⁰ siècle, dans nos chartes.

Les quatre actes suivants rappellent non plus le règne, mais la mort de Charles le Gros, et semblent prouver que la Bourgogne n'avait point reconnu le fils de Boson.

N° 32. (B. N. cop. 3-33.) *Die mercoris, in mense marcio, anno primo quod Karlus imperator obbiit.* 888, mars.

N° 36. (B. N. cop. 3-44.) *Die sabato, mense febroario, anno secundo post obitum Karoli ultimo imperatori.* 889, février.

N°ˢ 40 et 41. (B. N. cop. 3-61, recto et verso.) *Die lunis, in mense marcio, in anno III post obitum Carlo rege imperatore.* 890, mars.

Enfin un dernier acte, dont nous avons cru devoir appliquer les termes à Charles le Gros, roi et empereur, semble démontrer que Louis, fils de Boson, ne fut point reconnu dans tout le diocèse de Lyon, durant sa minorité. Voici la formule finale de cet acte :

N° 61. (B. N. cop. 3-118.) *Die jovis, in mense octuber, anno X post obitum Carlo rege imperatore.* 897, octobre.

IX. — EUDES.

Eudes, comte de Paris, fils de Robert le Fort, fut élu roi de France par les principaux seigneurs après la déposition de Charles le Gros, à la fin de l'an 887. Il y a deux périodes à considérer dans son règne, la première où il est seul roi, la seconde où il est obligé de partager la monarchie avec Charles le Simple, fils posthume de Louis le Bègue, vers le milieu de l'an 896. Eudes reçut alors en partage les pays situés au midi de la Seine. Il mourut le 1ᵉʳ ou le 3 janvier 898.

On connaît deux manières de compter les années de son règne; en effet nous avons un seul acte dont la date soit certaine; il fait commencer le règne d'Eudes à la seconde moitié de 888, nous avons suivi ce point de départ pour quelques chartes; pour les autres nous nous en sommes tenu au point de départ ordinaire du 1ᵉʳ janvier 888, Eudes ayant été élu à la fin de l'année 887. Du reste la différence est peu sensible la plupart du temps entre les deux systèmes et elle n'a d'importance que pour quelques actes qui se placent par leur date entre le 1ᵉʳ janvier et le 1ᵉʳ juillet de chaque année.

Voici les actes que nous avons datés du 1ᵉʳ janvier 888. Ils sont au nombre de onze :

N° 34. (B. N. L. 17715, n° 1.) *Die jovis, mense septembri, anno primo regnante Odono rege.* 888, septembre.

N° 35. (B. N. cop. 3-29.) *Die dominico,* xvii *kalendes febroariis, anno II regnante Odono rege.* Or, le 17 des calendes de février ou 16 janvier n'est tombé un dimanche qu'en 892 et en 897, c'est-à-dire la 5ᵉ ou la 10ᵉ année d'Eudes. En présence de cette divergence entre les notes chronologiques, nous avons préféré nous attacher à l'année du règne, qui correspond à 889, mais il faut bien avouer que ce n'est là qu'une date approximative. 889, 16 janvier.

N° 38. (B. N. cop. 3-43.) *Die lunis, in mense madio, anno secundo regnante Odono rege.* 889, mai.

N° 39. (B. N. cop. 3-37.) *Die lunis, mense september, anno II regnante Odono rege.* 889, septembre.

N° 43. (B. N. cop. 3-60.) *Die dominico, mense aprili, anno III regnante Odono rege.* 891, avril.

N° 47. (B. N. cop. 3-63.) *In mense aprili, anno V regnante Hoddoni rege.* 892, avril.

N° 51. (B. N. cop. 3-73.) *Die lunis, in mense julio, anno VIᵗᵒ regnante Odoni regem.* 893, juillet.

N° 52. (B. N. cop. 3-66). *Die lunis, in mense octuber, annos VI regnante Odono rege.* 893, octobre.

N° 53. (B. N. or. 3.) *Mense novembri, sub die kalendarum,* v *idus novembrium, anno primo certantibus duobus regibus de regno, Odono videlicet et Karolo.* 893, 1ᵉʳ-9 novembre.

Cette date remarquable suggère deux observations. La première est relative à la double date des jours qui y est employée, le jour des calendes et le 5 des ides. Ces deux dates, fidèlement reproduites de l'original, semblent se rapporter l'une à la rédaction de l'acte, l'autre à sa publication[1]. C'est la seule interprétation qui nous paraisse plausible de cette date. Lorsque les diplomatistes en rencontrent une semblable, ils cherchent à l'expliquer au moyen d'une correction qui n'est pas admissible ici en présence de l'original[2].

---

1. On peut rapprocher ce que nous disons ici des formules suivantes : n° 482. *Actum Montisco villa, firmatum villa Curti;* n° 447. *Actum Cluniaco, firmatum Lurdono castello publice.*

2. Mabillon a lu : *sub die id.* (vel *cal.*) *nov.* et a daté l'acte du 13 novembre ;

La seconde observation se rapporte à l'événement auquel il est fait allusion dans la date; il s'agit de la première lutte qui eut lieu entre Eudes et Charles le Simple et non de la victoire de ce dernier, dont le règne ne fut admis en Bourgogne que plusieurs années après, comme tend à le prouver un acte daté de l'an premier après la mort d'Eudes. C'est pourquoi nous avons adopté la date de 893.

N° 54. (B. N. cop. 3-82.) *Die jovis, mense januario, annos septem regnante domno nostro Odono rege.* 894, janvier[1].

N° 58. (B. N. cop. 3-99.) *In mense decembrio, anno VIII regnante Odono rege.* 895, décembre.

N° 62. (B. N. cop. 3-121.) *Die dominico, in mense marcio, anno primo [post] obitum Odoni rege.* 898, mars.

Les actes que nous avons datés de la seconde moitié de 888 sont au nombre de quatre, savoir :

N° 50. (B. N. cop. 3-65.) *Die jovis, v nones madii, anno V regnante Oddono rege.* Jeudi 5 des nones de mai ou 3 mai suppose une année où la lettre dominicale est G. Or, 893 a G pour lettre dominicale; pour que le 3 mai 893 se trouve dans la 5ᵉ année, il faut que la 1ʳᵉ année ait commencé après le mois de mai 888, et comme il n'y a que deux points de départ pour le règne d'Eudes dans l'année 888, il suit de là qu'il faut adopter le second, c'est-à-dire celui qui commence avec la seconde moitié de l'année 888.

N° 55. (B. N. cop. 3-90.) *Die sabbatum, in mense marcium, anno VII regnante Odono rege.* 895, mars.

N° 56. (B. N. cop. 3-68.) *Die mercoris, in mense aprilio, anno VII regnante Odono rege.* 895, avril.

N° 60. (B. N. cop. 3-100.) *Die sabati, in mense marcio, in annos nono renante Otdono rege.* 897, mars.

X. — Charles le Simple.

Charles III, dit le Simple, fils posthume de Louis le Bègue, fut reconnu roi de France par une partie des seigneurs français le 28 janvier 893; il conclut un traité de partage avec Eudes vers le milieu de 896, ainsi que nous l'avons rappelé ci-dessus. Après la mort d'Eudes, il devint seul roi le 1ᵉʳ ou 3 janvier 898.

---

cf. Cartulaire de St-Victor de Marseille, n° 429. *Acta est hec donatio sancti Saturnini id. kl. decembris,* et en note : *forte pro pridie kal.*

1. C'est par erreur que l'on a imprimé 895 dans le *Rec. des Chartes de Cluny.*

Cependant Robert, frère d'Eudes, et Raoul, duc de Bourgogne, furent élus rois de France, l'un en 922, l'autre en 923. Charles le Simple, vaincu le 15 juin 923 dans un combat où il avait tué Robert, est bientôt après arrêté par Herbert, comte de Vermandois, et jeté dans une prison où il mourut le 7 octobre 929. Nous avons rappelé ces divers événements parce que plusieurs d'entre eux fournissent des points de départ pour le règne de Charles le Simple, savoir : le 28 janvier 893, le 1er ou le 3 janvier 898, etc.

1° *Du 3 janvier* 898.

Le premier de nos actes qui fasse mention de Charles le Simple est celui qui signale sa lutte avec le roi Eudes (n° 53). Mais nous ne croyons pas que son règne ait commencé en Bourgogne avant 898[1] ; d'une part, en effet, nous avons trouvé ci-dessus un acte daté de l'an 1er après la mort d'Eudes (898, mars), et d'autre part, le règne a commencé certainement avant 899, date que l'on assigne d'ordinaire à la reconnaissance de Charles le Simple en Bourgogne. La preuve s'en trouve dans les chartes suivantes :

N° 94. (B. N. cop. 3-172.) *Die sabatto, kalendas novembris, anno VIIII regnante Karlo rege.* Samedi 1er novembre donne pour lettre dominicale E. Or, 906 a E. 906, 1er novembre.

N° 195. (B. N. cop. 4-21.) *Die dominico, idus febroario, anno XVII regnante Karlo rege.* Dimanche 13 février exige B pour lettre domin. Or, 914 a B. La 1re année commence avant le 13 février 898. Donc ce point de départ nous paraît suffisamment justifié. On a compté, en Bourgogne, les années de Charles le Simple du commencement de 898.

Nous croyons inutile de donner toutes les dates des actes qui se rangent dans ce système ; nous en citerons quelques-unes des plus importantes et nous ajouterons seulement les numéros des chartes ainsi datées, renvoyant à notre volume pour le texte lui-même.

Le premier acte est le n° 63. (B. N. cop. 3-69.) *Die lunis, in mense aprilo, anno primo rennante Karlo rege.* 898, avril.

Le n° 71 (B. N. cop. 3-149) prouve que l'on ne comptait alors le règne de Charles le Simple qu'à partir de la mort

---

1. Cela est vrai au moins pour les premières années. On verra plus loin que par la suite les scribes ont fait remonter le commencement du règne jusqu'à 893.

d'Eudes : *Die sabato, in mense madio, annos IIII regnante Carolo post obito Odono rege.*

Le n° 100 (B. N. cop. 3-190) donne à Charles le Simple le titre de roi de France et d'Aquitaine, qualification digne de remarque dans une charte du Mâconnais. *Die sabato, in mense octubris, anno XI regnante Karlo, rege Francorum vel Aquitanorum* [1].

2° *Du commencement de* 899.

Nous avons quatre chartes dans lesquelles le règne part de 899 :

N° 74. (B. N. cop. 1-148.) *Die dominico, III kalendas decimbres, anno III regnante Karolo rege.* Dimanche 3 des calendes de décembre ou 29 novembre donne pour lettre domin. D. Or, 901 a D. 901, 29 novembre. La 1re année répond à 899.

N° 84. (B. N. cop. 3-120.) *Die di dominico, IIII nones marcii, anno VI rencnante Carlo rege.* Le dimanche 4 des nones de mars donne pour lettre dominicale G. Or, 904 a G pour lettre dominicale.

N° 186. (B. N. cop. 3-250.) *Die veneris, kalendis martis, anno XIII regnante Karlo rege.* Vendredi 1er mars donne pour lettre domin. F. Or, 911 a F. pour lettre domin. La première année doit être encore ici 899. Pour le n° suivant, n° 187, nous avons adopté le même point de départ et nous avons daté l'acte du 17 janvier 912.

N° 222. (B. N. L. 17715, n° 8.) *Die dominico, pridie kalendas octobris, anno XXIII regnante Karlo rege.* Dimanche 30 septembre donne lettre domin. G. Or, 921 a G et la 1re année doit être 899. L'acte sera daté en conséquence de 921, 30 septembre [2].

---

1. Voici la liste des actes dans lesquels les années de Charles le Simple doivent être datées du commencement de 898 :

An Ier, n°s 64, 65. — An II, n° 66. — An III, n°s 67, 68, 69. — An IV, n°s 72, 73. — An V, n°s 75, 76, 77. — An VI, n°s 80, 81, 82. — An VII, n°s 85, 86, 87. — An VIII, n° 89. — An IX, n°s 92, 93. — An X, n° 95. — An XI, n°s 96, 97, 98 et 100. — An XII, n°s 102, 103, 104, 108. — An XIII, n°s 109, 110, 111, 113. — An XIV, n° 185. — An XV, n°s 188, 189, 190. — An XVI, n°s 192, 193. — An XVII, n°s 194, 196, 197, 198. — An XVIII, n° 199. — An XX, n°s 205, 206, 207, 209, 210. — An XXII, n° 213. — An XXIII, n°s 216, 217, 219, 220. — An XXIV, n° 228. — An XXV, n° 233.

2. C'est par inadvertance que cet acte a été daté de 920 dans le tome Ier des *Chartes de l'abbaye de Cluny*. La date de 921 est certaine.

3° *De l'an* 900.

Nous avons deux chartes dans lesquelles les années du règne sont comptées de l'an 900, suivant l'usage de l'Aquitaine.

N° 112. (B. N. or. 5 et 6.) C'est l'acte même de fondation de l'abbaye de Cluny, acte passé à Bourges : *Actum Bituricæ civitatis publice... Data tercio idus septembris, anno undecimo regnante Karolo rege, indictione XIII*. La fondation de la célèbre abbaye bourguignonne étant certainement de l'an 910[1], et la 11ᵉ année de Charles le Simple concourant avec 910, la 1ʳᵉ doit être 900. D'ailleurs l'année 910 est marquée par l'indiction XIII.

Nous avons daté du même point de départ la charte n° 215, qui est relative à des biens situés en Auvergne et qui donne à Charles le Simple le titre de roi d'Aquitaine seulement. (B. N. cop. 4-57.) *Die mercoris, in mense marcio, anno XVIIII regnante Carlo rege Aquitanorum.* 919, mars.

Enfin nous avons encore un acte du même pays, qui est la fondation du prieuré de Sauxillanges, par Acfred, duc d'Aquitaine. La date de cette charte rappelle le souvenir de Charles le Simple, qui à cette époque était déjà renfermé dans la prison où il devait finir ses jours, n° 286. (C. 119.) *Actum v idus octobris, apud Celsinanicas, anno V quod infideles Franci regem suum dehonestaverunt et Rodulfum in principem elegerunt.* 927, 11 octobre.

4° *Points de départ antérieurs à 898.*

Il nous reste à examiner un certain nombre d'actes qui sont datés de points de départ antérieurs à 898. Ces actes, sauf un, qui est étranger à la Bourgogne, sont compris entre les années 916 et 924. Il semble qu'après avoir fixé le commencement du règne à 898, c'est-à-dire à l'époque de la mort du roi Eudes, on oublia plus tard cette reconnaissance tardive et l'on fit remonter le règne jusqu'à l'époque à laquelle Charles avait été reconnu par les seigneurs francs, en 893. Mais ce point de départ antérieur à 898 était assez incertain dans l'esprit des scribes, qui le prennent soit de 893, soit de 894, 895 ou 897. Nous n'avons placé dans cette catégorie que des actes à date certaine, n'osant

---

1. C'est la date donnée par la chronique de Cluny. *Bibl. Cluniac.*, col. 1617.

pas étendre à d'autres qu'à ceux-là cette manière de compter les années de Charles le Simple.

Le premier de ce genre est un acte auvergnat. C'est le testament de saint Géraud d'Aurillac, que nous n'avons fait que citer, et dans lequel les années de Charles le Simple sont comptées de 893. N° 107 : *In mense septembris, sub die jovis, anno XVII, quo Carolus rex sumpsit imperium*. 909, septembre[1].

Nous avons ensuite un acte dont le point de départ est pris en 894.

N° 201. (A. b. 8.) *Die veneris, vi kalendas maii, anno XXIII regnante Karolo rege*. Vendredi, 6 des calendes de mai, ou 26 avril, donne pour lettre domin. F. Or, 916 a F; pour que le 26 avril 916 soit dans la 23ᵉ année, il faut et il suffit que la 1ʳᵉ année concorde avec l'année 894[2].

On peut faire le même raisonnement pour les chartes suivantes, en observant que ces divers actes, qui sont tous du Mâconnais, ont été rédigés par des scribes différents.

N° 200. (B. N. cop. 4-35.) *Die dominico, vi kalendas marcii, anno XXII regnante Karolo rege*. 916, 25 février. Dimanche 6 des calendes de mars ou 25 février donne pour lettre dominicale F. Or, 916, année bissextile, a G F. Il suffit que les années soient comptées de la 2ᵉ moitié de 894, pour que le 25 février 916 soit dans la 22ᵉ année.

N° 202. (B. N. cop. 4-41.) *Die martis, octavo decimo kalendas juniis, anno XXII regnante Karolo rege*. Comme il n'y a pas de 18 des calendes de juin, nous avons pensé qu'on pouvait compter ici les calendes dans l'ordre direct, en sorte que le 18 des calendes fût le 18 juin. Or, le mardi 18 juin donne F pour lettre domin. de l'année, ce qui convient à l'année 916, qui a GF. Il suffit encore ici, pour que le 18 juin 916 soit dans la 22ᵉ année, que la 1ʳᵉ commence à la seconde moitié de 894.

---

1. C'est l'opinion de Mabillon. Voir *Annales Bened*. T. III, ad annum 909, n° 55.

2. En raisonnant avec toute rigueur, pour que le 26 avril 916 soit dans la 23ᵉ année, il suffit que la 1ʳᵉ année commence le 27 avril 893. C'est en ce sens que nous avons pu dire, *Chartes de Cluny*, tome Iᵉʳ, n° 201, en note : Les années sont comptées de 893. Mais, outre que le point de départ de 894 explique cette date suffisamment, aucun événement ne nous autorise à faire partir le règne de Charles le Simple du milieu de 893, ou d'une autre date que le commencement de l'année. C'est dans cette mesure que nous modifions la note citée ci-dessus.

Mais il nous semble préférable de prendre pour point de départ le commencement de 895, qui satisfait aux conditions voulues, et qui s'applique à d'autres actes, tels que le suivant :

N° 203. (B. N. cop. 4-97.) *Die martis, x kalendas augusti, anno XXII regnante Karolo rege.* Mardi 10 des calendes d'août ou 23 juillet suppose pour lettre domin. F. Or, 916 a GF. Pour que le 23 juillet 916 soit dans la 22ᵉ année, il faut que la 1ʳᵉ commence dans la seconde moitié de 894, ou mieux avec le début de 895[1].

Mais il nous faut aller plus loin encore et admettre le point de départ de 897. Nous en avons réuni cinq exemples :

N° 231. (B. N. cop. 4-105.) *Die dominico, IIII (corr. III) kalendas octobris, anno XXVI regni Karolis regis, anno primo Rodberto contra eum insurgente.* 922, 29 septembre. Le synchronisme de la lutte de Robert contre Charles le Simple détermine exactement cette date. En effet, Robert ayant été couronné, en opposition à Charles le Simple, le 20 juin 922 et ayant péri le 15 juin 923 de la main même de ce prince, le seul mois de septembre de son règne correspond à 922, et pour que le 29 septembre 922 concorde avec la 26ᵉ année de Charles le Simple, il faut compter les années de ce prince de 897. Or, en 922, le dimanche tombe le 4 et non pas le 3 des calendes d'octobre, ce qui nous autorise à faire une légère correction à notre texte. Il semble d'ailleurs qu'à partir de cette époque on ait compté les années de Charles le Simple de 897 ; c'est pourquoi nous avons adopté le même point de départ pour trois actes de la 27ᵉ année et un de la 28ᵉ[2], savoir :

N° 234. (B. N. cop. 4-74.) *Die lunis, in nonis februario, anno XXVII regnante domino nostro Carlo rege.* 923, 3 février. Les nones tombant un mercredi en 923, le lundi dans les nones est le 3.

N° 235. (B. N. cop. 4-112.) *Die dominico ante medio mense madio, in anno XXVII regnante domno nostro Karlo rege.* 923, mai.

N° 236. (B. N. cop. 4-73.) Même date.

---

1. C'est par suite d'une faute d'impression que la note 4 de la page 192 des *Chartes de l'abbaye de Cluny* (charte 203) porte 893, c'est 895 qu'il faut lire.

2. D'une part, en effet, le règne compté de 898 ne donne que 26 ans, et d'autre part nous avons vu que l'on n'a point compté en Bourgogne de 893, et que 894 est un point de départ exceptionnel qui se borne aux années 22ᵉ et 23ᵉ du règne.

N° 243. (B. N. cop. 4-81.) *Die mercoris, in mense junio, annos XXVIII rengnante Karolo rege.* 924, juin. Voilà la dernière charte datée du règne de Charles le Simple en Bourgogne. Il va céder la place à Raoul de France, élu depuis 923.

XI. — Robert Ier.

Le court règne de Robert, duc de France, frère du roi Eudes, compétiteur de Charles le Simple, élu roi le 20 juin 922 et tué le 15 juin 923, ne se trouve rappelé que par deux actes. Encore l'un d'eux, comme nous l'avons montré ci-dessus, en traitant de Charles le Simple, le considère comme en lutte avec son adversaire (n° 231. 922, 29 septembre). Le seul acte qui date véritablement du règne de ce prince est le n° 232 (A. o. 183): III *feria, mense novembris, Rotberto rege Francorum anno primo.* 922, novembre. Cet acte n'offre aucune difficulté.

XII. — Raoul.

Raoul, duc de Bourgogne, fils de Richard le Justicier, et par conséquent étranger à la dynastie carolingienne, fut élu roi de France et couronné à Soissons, le 13 juillet 923. Il avait traité en 928 avec Charles le Simple, alors sorti de prison, et à la mort de ce roi, 7 octobre 929, il réunit toute la monarchie, sauf le Languedoc, qui ne le reconnut que quelques années plus tard. Raoul mourut le 14 ou le 15 janvier 936.

Le règne de Raoul paraît n'avoir été accueilli qu'avec hésitation en Bourgogne et en Aquitaine, comme nous en trouverons la preuve ci-après. Charles le Simple y conserva des partisans même après son emprisonnement, et nous avons noté des actes datés du règne de ce prince jusqu'en 924. Réciproquement nous n'avons point d'actes de la première année de Raoul et cependant on fait partir son règne non seulement du 13 juillet 923, mais encore du commencement de 923, comme aussi des années 924 et 925. Nous examinerons successivement ces divers points de départ.

1° *Du 13 juillet* 923.

Nous n'avons pas moins de 83 chartes datées de ce point de départ; nous choisissons celles dont les dates présentent le plus d'intérêt ou qui ont servi à fixer le point de départ lui-même[1]. Ces actes vont de 924 à 935 et de la 2ᵉ à la 13ᵉ année de Raoul.

La première date intéressante est celle du nº 253 (A. b. 20) ainsi exprimée : *Die martis, idus octobris, anno II regnante Rodulfo rege.* L'an 2 correspond à 925. Or, en 925, le jour des ides d'octobre tombe le samedi 15 octobre, le mardi est le 5ᵉ jour des ides, ou le 11 octobre. Nous avons pensé qu'il y a omission dans la copie du cartulaire et qu'il faut lire *V idus octobris.*

L'acte suivant, nº 255 (B. N. L. 17715, nº 11), quoique dépourvu de l'année du règne, nous semble pouvoir se rapporter à l'année 926. En effet la date est telle : *Die lunis, v idus januarii regnante Raulfo rege.* Lundi 5 des ides de janvier ou 9 janvier exige pour lettre domin. A. Or, celle de 926 est A[2].

Nº 281. (B. N. cop. 5-32.) *Die sabato, v nonas martias, anno IIII regnante Rodulfo rege.* Samedi 5 des nones ou 3 mars donne pour lettre domin. G. Or, 927 a G. 927, 3 mars. La 4ᵉ année va du 13 juillet 926 au 12 juillet 927.

Le nº 285 (C. 46.) est un diplôme du roi Raoul, dans la date duquel figure l'année de l'Incarnation. En voici les formules : *In nomine sancte et individuæ Trinitatis. Rodulfus gratia Dei pacificus, augustus et invictus rex... Signum Rodulfi regis. Actum Briodero villa, indictione XI* (lisez *XV*), *Vᵗᵒ idus septembris, anno ab incarnatione Domini DCCCCXXVIIᵐᵒ, Vᵗᵒ etiam Rodulfi regis.* 927, 9 septembre. Le mois de septembre 927 correspond bien avec la 5ᵉ année de Raoul.

Le nº 286 (C. 119.) que nous avons rapporté ci-dessus rappelle le souvenir de Charles le Simple et fait partir les années de Raoul de son élection (*Rodulfum in principem elegerunt*).

Nº 360. (B. N. cop. 5-34.) *Datavi de II (die II) kal. mar. anno V regnante Rodulfo rege, indictione I.* 928, 29 février.

---

1. Voici les nᵒˢ des autres chartes du roi Raoul dont la date est prise du 13 juillet 923. Règne de Raoul, nᵒˢ 238, 239, 240. — An II : nᵒˢ 244, 248, 251, 252. — An III : 254, 259, 260, 261, 263, 264, 265, 266 (*in tempore Radulfo rege*), 267, 268. — An IV : 274, 276. — An V : 284, 287, 288, 289, 290, 361, 363, 364, 365, 366. — An VI : 368, 369, 372, 373, 374, 375, 376, 378. — An VII : 380, 381, 382, 383, 384, 385, 386. — An VIII : 388, 389, 390, 392, 393, 394. — An IX : 402. — An X : 403, 404, 406, 407, 408, 409, 410. — An XI : 412, 416. — An XII : 422, 424, 426, 427, 434, 436 (corr.). — An XIII : 438, 440, 441 (corr.).

2. L'année 932 pourrait convenir aussi ayant pour lettres domin. AG.

N° 362. (B. N. cop. 5-41.) Date remarquable : *Die jovis, a cena Domini, in mense aprilis, anno V regnante Radulfo rege*. 928, 10 avril.

N° 367. (A. b. 97.) *V nonas julii, feria V regnante Rodulfo rege*. Cette date indique un jeudi 5 des nones ou 3 juillet. Or, sous le règne de Raoul le 3 juillet ne tomba un jeudi qu'en 928 et en 934. La première de ces deux années nous a paru préférable, car elle est plus rapprochée du temps de l'abbé Bernon, dans le cartulaire duquel se trouve l'acte en question.

N° 377. La date de cet acte exige qu'on lui fasse subir une correction pour accorder ensemble les notes chronologiques : *Die martis, nono kalendas aprilis, anno VIII regnante Ratulfo rege*. En effet la 8ᵉ année de Raoul s'étend du 13 juillet 930 au 12 juillet 931 et le mardi 24 mars devrait correspondre à 931. Or, mardi 24 mars suppose lettre domin. D. Mais 931 a B pour lettre domin., et pour avoir D il faut remonter à 929 ou descendre à 935, qui ne s'accordent avec aucune des manières de compter le règne de Raoul. Nous avons pensé que le scribe avait pu se tromper sur le chiffre de l'année; en lisant VI au lieu de VIII, on arrive à 929, année où le 24 mars était un mardi.

N° 379. Cette charte de la comtesse Adélaïde, sœur de Rodolphe de Bourgogne, femme de Richard le Justicier, duc de Bourgogne, et mère de Raoul, roi de France, se termine par la date suivante : *Data* xviii *kal. julii, anno V regnante Rodulfo, gloriosissimo rege, indictione* II. L'indiction 2 répondant à 929, nous avons pensé qu'il fallait lire ici an VI au lieu de an V et dater l'acte du 14 juin 929. C'est du reste la date que l'on donne généralement à cet acte[1].

N° 395. (B. N. cop. 5-114.) La formule de cet acte mérite d'être relevée : *Die marcio, mense madii, annos VIII regnante Radulfo rege de Francia*. Ce mot était opposé au mot *Burgundia*, qui désignait le pays où régna Rodolphe II, de 911 à 937.

N° 405. (A. o. 16.) *Mense decembrio, x kalendas ejusdem mensis, anno X regnante rege Rodulfo*. Le 10 des calendes qui se trouve dans le mois de décembre ne peut être que le 10 des calendes de janvier, qui répond au 23 décembre. C'est la date que nous avons donnée à cet acte[2].

---

1. Cf. *Acta SS. Bened. sæc.* V. p. 135 et D. Bouquet, t. IX, p. 693.
2. Voir sur cette forme de date le n° 446 du *Rec. des chartes de Cluny*.

N° 411. (A. o. 182.) *Die sabbati,* v *idus junii, regnante Rodulfo rege.* Samedi 5 des ides de juin ou 9 juin exige G pour lettre domin. Or, le 9 juin est tombé un samedi deux fois seulement sous le règne de Raoul, savoir en 927 qui a G et en 932 qui a AG pour lettre domin. Or, l'année 932[1] nous paraît convenir mieux à cet acte inséré dans le cartulaire de l'abbé Odon, qui gouverna l'abbaye de Cluny de 927 à 942.

N° 432. (A. o. 125.) *Die mercurio,* ii *idus aprilis, anno XII regnante Rodulfo rege.* Cet acte a été publié par Guichenon, dans sa *Bibliotheca Sebusiana,* mais il a imprimé par erreur ii *kalendas.* Les auteurs de l'*Art de vérifier les dates* l'ont cité d'après le même Guichenon, et ont fait remarquer que le 2 des calendes d'avril ne tombe pas un mercredi l'an 12 de Raoul, soit en 935 ; pour trouver un 12 avril tombant un mercredi il faudrait descendre jusqu'en 937, mais alors Raoul était mort. Il nous semble préférable d'admettre que le scribe a pu se tromper sur le chiffre des ides. 935 a D pour lettre domin. Le mercredi pendant les ides = vi *idus* ou 8 avril 935[2].

2° *Du commencement de janvier* 923.

N° 250. (B. N. cop. 4-131.) *Die dominico,* viii *kalendas madias, anno III regnante Ratulfo rege.* Le dimanche 8 des calendes de mai ou 24 avril donne B qui est la lettre domin. de 925. Mais si l'on comptait les années du 13 juillet 923, le mois d'avril de la 3ᵉ année répondrait à 926 ; il faut donc les compter du commencement de 923. La date est ainsi 925, 24 avril.

N° 269. (A. b. 6.) *Abbo rogatus dictavi mense maio, die sabbati, anno IIII regnante Rodulfo rege.* Le motif de suivre ce comput est ici un peu différent. Il se tire de la mention qui est faite, dans l'acte, du gouvernement de l'abbé Bernon, mort le 13 janvier 927. Or, si l'on comptait du 13 juillet 923, la 4ᵉ année tomberait en mai 927, c'est-à-dire après la mort de Bernon[3].

N° 271. (B. N. cop. 5-13.) *Die lunis, nones juniis, IIII*ᵗᵒ *anno regnante Rotulfo rege.* Lundi 5 juin donne pour

---

1. La date de 933 imprimée dans le tome Iᵉʳ des *Chartes de Cluny,* p. 398, doit être corrigée en 932. En 933, en effet, le 9 juin tomba un dimanche.

2. Nous avons daté cet acte dans notre tome Iᵉʳ du 12 avril (?) 935 ; il faut lire de préférence 8 avril.

3. Cf. *Chartes de Cluny,* tome Iᵉʳ, p. 263, note 1.

lettre domin. A, qui est la lettre de 926. Un double de cet acte porte la date suivante : (B. N. cop. 5-11.) *Die martis*, VIII *idus junius, IIII anno regnante Ratulfo rege*. Le mardi 8 des ides de juin, ou 6 juin, indique également une année qui a A pour lettre dominicale et se rapporte à l'année 926.

N° 272. (B. N. cop. 4-162.) *Die lunis, nones junius, IIII anno regnante Raulfo rege*. 926, 5 juin. Même date qu'au n° 271 et pour les mêmes raisons.

Nous trouvons ensuite trois diplômes du roi Raoul, tous trois de la 9ᵉ année de son règne, comptée du commencement de 923. En voici les formules initiales et finales.

N° 396. (B. N. or. 13.) *In nomine sanctæ et individuæ Trinitatis. Rodulfus, divina propitiante clementia, pius, augustus atque invictissimus rex... Actum Ansa villa,* XI *kalendas julii, indictione* III, *anno VIIII regnante Rodulfo rege gloriosissimo*. 931, 21 juin. Le 21 juin de la 9ᵉ année comptée du 13 juillet 923 correspondrait à 932. D. Bouquet pense qu'il faut faire cadrer le commencement du règne avec celui de l'année 923, en comptant l'indiction IV au lieu de III [1].

N° 397. (C. 47.) *In nomine*, etc. *Rodulfus, divina propitiante clementia, Francorum rex... Actum Boiaco villa. Data kalendas julias, indictione III, anno VIIII regnante Rodulfo gloriosissimo rege*. 931, 1ᵉʳ juillet.

N° 398. (B. N. cop. 4-95.) Mêmes formules et même date [2].

Les n°ˢ suivants 428, 430, 431, datés du mois de février, et le n° 433 du mois d'avril de la 13ᵉ année, recevraient dans l'usage ordinaire les dates de février et avril 936. Or, Raoul étant mort le 14 ou le 15 janvier de cette année, il devient évident qu'il faut prendre le point de départ du règne en janvier 923 et faire remonter ces actes en février et avril 935.

Enfin la date du n° 435 (B. N. cop. 6-51) telle qu'elle est formulée dans le texte doit renfermer une erreur : *Die dominico, in mense madio, anno XIIII regnante Radulfo rege*, car le règne de Raoul n'a pas duré 14 ans; il faut compter ici 13 ans

---

1. D. Bouquet, t. IX, p. 576.
2. Nous avons daté aussi du commencement de 923 le n° 400 (B. N. cop. 5-101) : *Die veneris, in mense januario, anno X regante Radulfo rege*, ce qui donne janvier 932.

et, appliquant à cet acte le même point de départ qu'aux précédents, nous aurons pour date 935, mai.

3° *Du commencement de 924.*

Nous avons 5 chartes qui toutes supposent que le règne de Raoul n'a été compté qu'à partir de 924. Les voici :

N° 273. (A. b. 19.) *Die dominico, VIII idus augusti, anno III regnante Radulfo rege.* Dimanche 8 des ides, ou 6 août, suppose lettre domin. A. Or, le 6 août de la 3e année dans le calcul ordinaire donne 925, qui a B, tandis qu'A est la lettre domin. de 926. Donc la 1re année doit être 924.

N° 370. (B. N. cop. 5-40.) *Die mercoris, IIII idus decembris, anno V regnante Rodulfi regis.* Mercredi 4 des ides ou 10 décembre indique E, qui est la lettre domin. de 928, 5e année du règne en commençant par 924.

N° 387. (A. o. 9.) *Data die, per manum Lerardi, IIII nonas septembris, feria v, anno VII Rodulfo regnante.* Le 4 des nones de septembre, férie v, soit jeudi 2 septembre, donne lettre domin. C. Or, le 2 septembre de la 7e année dans le calcul ordinaire est le 2 septembre 929. L'année 930 a pour lettre domin. C. La 1re année est donc encore 924.

N° 399. (A. o. 149.) *Dictavi die jove, VIII kalendas septembris, anno VIII regnante Rodulfo rege.* Jeudi 8 des calendes de septembre ou 25 août donne pour lettre domin. B. Or, l'année 931 a B pour lettre domin. Ici encore le point de départ est 924, sans quoi il faudrait changer l'année du règne et lire *anno VIIII.*

Enfin, nous avons le n° 421 (B. N. cop. 5-141). *Die martis, in mense novembrio, XIIII kalendas decimbris, anno XI regnante Radulfo rege.* Mardi 14 des calendes de décembre ou 18 novembre donne pour lettre domin. E. Or, l'année 934 a E pour lettre domin. et en partant de 924, la 11e année est, en effet, 934.

4° *Du commencement de 925.*

Il faut aller plus loin encore et admettre que l'on a compté quelquefois les années de Raoul seulement du commencement de 925. En voici des exemples :

N° 283. (B. N. or. 7.) *Die dominico, mense aprili, anno III regnante Rodulfo rege.* Dans le calcul ordinaire des années du règne de Raoul, le mois d'avril de la 3ᵉ année tomberait en 926. Or, l'abbé Odon, qui est mentionné dans notre acte (*ecclesie.... Cluniacensis, quem venerabilis abba Odo ad regendum habere videtur*), n'était pas encore abbé, puisque Bernon, son prédécesseur, n'est mort que le 13 janvier 927. Il faut donc admettre que les années sont comptées d'un autre point de départ, et pour que la troisième année réponde à 927, il faut que la première commence en 925[1].

N° 359. (B. N. cop. 5-3 et A. o. 111.) *Die sabato, IIII nonas febroarias, anno IIII regnante Radulfo rege.* Le samedi 4 des nones de février ou 2 février donne E ou FE. Or, dans le calcul ordinaire l'an 4ᵉ serait 927 qui a pour lettre domin. G, tandis que 928 a FE. La première année est donc certainement 925.

Nous avons encore un acte qui prouve l'existence de ce point de départ de 925. C'est le n° 418 (B. N. cop. 5-135), dont la date est ainsi conçue : *Die jovis, kalendas maias, anno X regnante Radolfo rege.* Jeudi 1ᵉʳ mai donne E. L'an 10ᵉ du règne de Raoul, pris de juillet 923, conduit au 1ᵉʳ mai 933, qui a F pour lettre domin.; mais le 1ᵉʳ mai ne tombe un jeudi qu'en 934, 10ᵉ année à partir de 925. Ainsi ce point de départ n'est pas moins solidement établi que les précédents, et nous pouvons conclure qu'en Bourgogne le règne de Raoul se compte non seulement de la date de son couronnement, 13 juillet 923, mais encore du commencement des années 923, 924 et même 925.

Le roi Raoul mourut le 14 ou le 15 janvier 936, mais il n'eut pas immédiatement un successeur ; au contraire il y eut un interrègne d'un peu plus de cinq mois jusqu'au couronnement de Louis d'Outremer, qui eut lieu le 19 juin 936. Les traités de chronologie disent que l'on date, dans l'intervalle, de la mort de Raoul, Jésus-Christ régnant et dans l'attente d'un roi[2] ; on a même cité quelquefois les chartes de l'abbaye de Cluny ; mais il est bon d'en reproduire ici les dates d'une manière exacte.

N° 443. (B. N. cop. 14-189.) *Actum Cluniaco, regnante Domino nostro Jesu-Christo.* 936, premiers mois[3].

---

1. Ce système nous paraît préférable à celui que proposait M. Bernard, d'admettre une erreur de chiffre et de lire *anno III*, car nous avons affaire non à une copie, mais à un original.

2. *Art de vérifier les dates.* Éd. 1783, in-f°, t. II, p. 563 ; De Wailly, *Élém. de paléographie*, t. Iᵉʳ, p. 358.

3. Il faut remarquer que nous avons, sous le n° 460, une charte du même per-

N° 444. (B. N. cop. 5-161.) *Die mercoris, kalendas aprilis, Deum emperantem, regem expectantem*. La date de cette charte ainsi exprimée ne pourrait convenir qu'au 1ᵉʳ avril 935, époque antérieure à la mort de Raoul; on peut admettre, pour la faire cadrer avec l'année 936, que l'on a oublié le chiffre III devant *kalendas*, ce qui donne mercredi 3 des calendes d'avril ou 30 mars, ou B. Or, 936 a B pour lettre dominicale[1].

N° 445. (A. o. 6.) *Data mense martio, anno quo domnus Rodulfus migravit a seculo*. 936, mars.

N° 446. (B. N. or. 16.) *Mense aprili, VIII die ipsius mensis, anno quo inclitus rex Rodulfus migravit a seculo. Actum Nevernis civitate publice... ego frater Jacob, sacerdos... datavi feria VI in prefata civitate*. Mercredi 8 avril 936. En effet, en 936 (lettre domin. B), le 8 avril tombait un vendredi.

N° 447. (A. o. 180.) *Mense maio, [anno] quo Rodulfus rex migravit a seculo*. 936, mai.

N° 448. (B. N. cop. 6-5.) *Data per manus Eldradi, sub die mercoris, mense junius. Non abemus regem, regnante Dominum nostrum Jesum Christum*. 936, juin. Il est impossible de désigner d'une manière plus claire l'interrègne qui allait, du reste, bientôt finir par l'avènement de Louis d'Outremer, que les seigneurs français avaient rappelé d'Angleterre.

XIII. — Louis d'Outremer.

Louis IV, fils de Charles le Simple, nommé d'Outremer à cause du séjour qu'il fit en Angleterre après que son père eut été chassé du trône, fut couronné roi de France le 19 juin 936, et mourut le 10 septembre 954[2].

Les années de son règne se comptent ordinairement du 19 juin 936; mais aussi quelquefois on le fait remonter au 7 octobre 929, date de la mort de son père. Citons tout de

---

sonnage qui a fait la présente donation, et que cette autre charte est datée de l'an 1ᵉʳ du règne de Louis IV d'Outremer, ce qui fixe la date du n° 443.

1. *Chartes de Cluny*, t. I, p. 433, rectifier ainsi la note 1 : *on a oublié le chiffre II* (lire *III*) *devant kalendas*.

2. Louis d'Outremer est qualifié empereur dans une date relative à son fils Lothaire. N° 1007. (Cop. 8-229.) *Anno Domin. incarn. DCCCCLVI, anno tercio imperii Lotharii regis, filii Ludovici imperatoris*. Aurait-on confondu le roi Lothaire avec Lothaire Iᵉʳ empereur, fils de Louis le Débonnaire?

suite le seul acte que nous ayons rencontré parmi nos chartes, comme rentrant dans ce système:

N° 513. (A. o. 112.) *Veneris die, in festivitate beati Briccii, anno XII regnante Ludovico rege.* 940, 13 novembre. En effet, la 12ᵉ année dans le calcul ordinaire répondrait à 947. Or, en 947 la saint Brice ne tombait pas un vendredi et l'abbé Odon, qui est mentionné dans l'acte, était mort depuis 942. Il faut donc remonter à quelques années en arrière. Or, en prenant pour point de départ 929, on arrive au 13 novembre 940, qui était effectivement un vendredi.

On connaît encore comme points de départ du règne de Louis d'Outremer les époques suivantes : la mort de Raoul, 14-15 janvier 936, le 19 juin 937, le 19 juin 938; ce dernier calcul est indiqué comme étant employé dans plusieurs chartes du Mâconnais[1]; nous y ajouterons, d'après les chartes de Cluny, l'année 939. Avant d'aborder l'exposé de ces divers systèmes, nous ferons remarquer que la chronologie de Louis d'Outremer offre de sérieuses difficultés que nous ne nous flattons pas d'avoir toutes résolues; la principale résulte de la similitude du nom de ce prince avec Louis l'Aveugle, fils de Boson, et avec Louis V; il y avait à craindre de confondre les années de son règne avec celles de ces deux autres rois, nous espérons avoir évité en grande partie cet écueil, au moyen des observations suivantes :

1° En ce qui concerne Louis l'Aveugle, la confusion ne peut s'établir que pour les dix années de son règne en Provence (890-900), car par la suite il a porté le titre d'empereur, qui lui a été conservé toute sa vie, même après qu'il eût été dépossédé de l'empire. Or, pendant ces dix années, la séparation entre les actes des deux princes nous paraît facile à établir, si l'on considère sur quelles provinces ils ont étendu leur autorité. Louis l'Aveugle n'a point exercé de domination en dehors de la Provence et du Lyonnais. A l'ouest de la Saône et du Rhône, c'était le roi de France qui était le souverain reconnu.

En suivant cette règle, nous avons attribué à Louis IV tous les actes bourguignons passés en Mâconnais, en Autunois, en Châlonnais, et aussi ceux qui sont datés de localités situées en Auvergne et en Aquitaine[2]. Au contraire, nous avons considéré

1. De Wailly, *Élém. de paléographie*, t. I, p. 333.
2. Nous avons cependant daté des années de Louis IV quatre chartes relatives au Lyonnais, mais sans dates de lieu, savoir le n° 491, qui est daté en

les actes rédigés dans le Viennois comme datés des années de Louis l'Aveugle[1].

2° Quant à Louis V, ce roi étant monté sur le trône le 2 mars 986 et étant mort le 21 mai 987, il n'y a que la 1re année qui puisse se confondre avec la 1re année de Louis IV d'après le calcul ordinaire (19 juin 936-18 juin 937). Le calcul du 15 janvier 936 est ici hors de cause, comme on le verra facilement par la suite. Or, la distance de plus d'un demi-siècle qui sépare ces deux princes et les synchronismes qui accompagnent souvent les noms des rois empêcheront la plupart du temps de les confondre[2].

Il y a encore un signe qui nous semble pouvoir servir à déterminer les chartes qui se rapportent à Louis d'Outremer, à l'exclusion des autres rois du nom de Louis, c'est la diversité et la barbarie des formes employées pour traduire le nom du roi. Nous n'avons pas relevé, dans les chartes de Louis d'Outremer, moins de 34 formes diverses de son nom. Au contraire, dans les chartes du temps de Louis V, le nom du roi n'affecte que deux ou trois formes seulement. Quoi qu'il en soit de cette dernière considération, nous allons examiner les divers points de départ employés pour le règne de Louis d'Outremer.

1° *Du 19 juin 936.*

Ce point de départ s'applique à un très grand nombre de chartes; nous ne ferons connaître que les plus intéressantes, celles qui servent à établir soit la chronologie du roi Louis IV, soit quelques événements importants[3].

outre de l'année de l'Incarnation 938; les n°s 531 et 544, que le synchronisme de l'abbé Odon force de placer de 927 à 942, en dehors des années de Louis l'Aveugle, et enfin le n° 701, de l'an XII de Louis, qui ne convient pas davantage à Louis l'Aveugle, qui n'a eu que 10 ans de règne comme roi; cf. n°s 482, 509 et 655, avec la note, p. 610.

1. Le n° 766 forme une exception; il est relatif à une terre du Viennois (*in fines de Lendatis*) et semblerait devoir être attribué à Louis l'Aveugle; mais la date est ainsi conçue : *Die lune, mense aprili, anno XIIII regnante Ludowico rege.* L'an XIV de Louis roi, d'après ce que nous avons dit ci-dessus, ne peut se rapporter qu'à Louis d'Outremer.

2. Toutefois nous devons avouer qu'après avoir daté le n° 470 de 937, février, *anno I regnante Lodohic rege,* nous avons éprouvé quelques scrupules en voyant reparaître le même scribe (*Girbaldus me fecit*) dans des actes des dernières années du règne de Lothaire.

3. Voici la longue liste des chartes datées du règne de Louis d'Outremer compté du 19 juin 936; nous en avons relevé 241; les n°s entre parenthèses se rap-

N° 449. (B. N. or. 17.) C'est le premier acte que nous ayons au nom de Louis d'Outremer. Il renferme la confirmation donnée par le comte Geoffroi, et à Nevers sans doute, d'un autre acte donné par le même, dans la même ville, le 8 avril précédent : *Datata mense junio, anno primo quo Lodovicus juvenis rex cepit regnare.* Juin 936 [1].

Le n° 474 (B. N. cop. 6-104.) est une charte de l'évêque d'Autun, Rotmundus, ainsi datée : *Actum Augustiduno... Datum* VI *kal. julii, indictione* X, *anno secundo regni Lodvici regis.* Or, Rotmond a été évêque d'Autun de 935 à 968. L'an 2 de Louis ne peut convenir qu'à Louis d'Outremer. 937, 26 juin. L'indiction est bonne.

N° 491. (A. o. 53.) *Ego frater Jacob, ad vicem Dominici cancellarii, scripsi, dictavi, corroboravi* II *kalendas julii, feria* VII. *Dictavi anno incarnationis Dominice DCCCCXXXVIII, indictione XI, anno III regnante Ludowico rege.* Le samedi 30 juin convient parfaitement à l'année 938 (qui a G pour lettre domin.), indiction 11ᵉ, et 3ᵉ année de Louis d'Outremer. Les biens donnés étant situés en Lyonnais (*in pago Lugdunense, in vicaria, seu in agro Ternantense, in villa Madaliaco*), cet acte montre que l'on trouve quelquefois le nom de Louis IV à la date des actes relatifs au Lyonnais, sans doute parce que l'on voulait mettre en quelque sorte sous la protection du roi de France certaines donations faites dans ce pays.

Le n° 499 (C. 53.) est un diplôme du roi Louis d'Outremer en

---

portent à des chartes dans lesquelles l'année du règne n'est pas exprimée, mais qui se rattachent à telle ou telle année par les notes chronologiques.

An Iᵉʳ : nᵒˢ 449-457, 459, 461, 468, 473. — An II : 474, 477, 481, 482, 484, 485, 487, 490. — An III : 491, 493-498. — An IV : 499, 501, 504, 505, 508, 510. — An V : 511, 512, 514, 515, 524-532. — An VI : 535-537, 539-545. — An VII : 547-552, 623, 626, 629, 630, 632-639. — An VIII : 640-643, 647-649, 654, 655, 658, 660-662. — An IX : 664, 665, 667. — An X : 672-675 (676), 678-681, 683-685. — An XI : 688-691, 693, 697. — An XII : 699-718, 720, 721. — An XIII : 722, 723, 725-727, 729, 735, (738,) 741, 744. — An XIV : 746? 747, 754-762, 766, 769, 770, 774. — An XV : 776-780, 782, 783, 793-796, 799-802, 804-809. — An XVI : 812-815, 817-821, 823, 824. — An XVII : 826, 827, 829-834, 836, 837, 839-841, 844-847, 849-853. — An XVIII : 854, 855, 860-868, 870-874, 876-881.

1. Il va sans dire que l'acte pour être de la 1ʳᵉ année doit avoir été passé après le 19 juin. S'il était prouvé qu'il fût des premiers jours du mois, il faudrait le dater de 937. La difficulté n'existerait pas si l'on comptait la 1ʳᵉ année du 14-15 janvier 936. Mais c'est là un point de départ exceptionnel et que l'on ne peut adopter sans preuve certaine, suivant nous.

faveur de l'abbaye de Cluny. En voici les formules : *In nomine sanctæ et individuæ Trinitatis. Hludowicus pacificus, augustus et invictus gratia Dei rex... Actum in Querceto juxta Dotiacum villam supra fluvium Carum,* XII *kal. jul. indictione XII, anno IIII regnante Ludovico rege.* Cet acte, donné dans les Ardennes, à Donzy, entre Sedan et Mouzon[1], et du temps de l'abbé Odon, s'applique sans conteste à Louis IV. La date est 939, 20 juin. Le chiffre de l'indiction est bon.

N° 524. (A. a. 277.) *Datavit die lunis,* III *kal. marcii, anno V regnante Ludovico rege.* Lundi 3 des calendes de mars ou 27 février suppose la lettre domin. A. Or, 941, 5e année de Louis, a C; pour faire concorder ces indices chronologiques avec l'année du règne, il faudrait lire *anno VII* et dater l'acte de l'année 943, qui a en effet A pour lettre domin. Les auteurs du *Gallia christiana,* que nous avons suivis, le datent de 941, mais ils sont obligés d'admettre qu'Aimard mentionné dans l'acte (*cui domnus Aymardus abbas preest*) était coadjuteur d'Odon, car il n'est devenu abbé qu'en 942. Ou bien il faut, en conservant l'année, corriger le jour de la semaine et lire VIII *kalendas marcii,* lundi 22 février (lettre domin. C) 941, qui est la 5e année depuis juin 936.

N° 528. (B. N. cop. 6-174.) *Sub die veneris,* V *kalendas junii, anno V regnante Hludovici regis.* Vendredi 5 des calendes de juin ou 28 mai donne C, qui est la lettre domin. de 941.

N° 531. (A. o. 138.) Le chiffre d'année mentionné dans cet acte doit être faux (*Die mercurii, mense madio, anno X Ludovico rege regnante*), car la 10e année de Louis V répond aux années 945-946. Or, l'abbé Odon qui figure dans cette charte est mort en 942. Il m'a semblé que l'on pouvait lire V au lieu de X et dater l'acte de mai 941.

N° 537. (B. N. cop. 6-177.) Voici une date importante pour établir dans quelles limites territoriales Louis IV exerçait sa puissance : *Facta cessione ista die sabato, in mense septembrio, anno VI*to *Ludovico Franciam Aquitaniamque regentem.* Cette date, qui répond au mois de septembre 941, montre que Louis d'Outremer, quoique vaincu au nord de la Loire, conservait encore des partisans au midi de ce fleuve.

N° 544. (A. o. 164.) *Die jove,* XI *kalendas mai., anno VI*

---

1. V. Mabillon. *De re diplomatica. Francorum regum palatia,* p. 281 et 282.

rege Ludowico regnante. Jeudi 11 des calendes de mai ou 21 avril donne lettre domin. B. Or, 942 a B ; la date est 942, 21 avril. Voilà un second exemple d'un acte relatif au Lyonnais et daté du règne de Louis d'Outremer. Il s'agit, en effet, d'une serve qui dépendait de la terre de Romans (Ain), dont le village appartenait à l'abbaye de Cluny depuis la donation qui lui en avait été faite par les exécuteurs d'Ingelberge en 917 (n°s 204 et 205) ; le seigneur du fief était un comte Hugues[1], qui donna la serve à l'abbaye de Cluny.

N° 545. (A. o. 115.) *Die lune, idus junii, anno II Ludowico regnante*. Le lundi 13 juin suppose la lettre domin. B. Or, 936 a CB. Mais Louis IV n'étant parvenu au trône que le 19 juin 936, il faut chercher une autre année qui ait B pour lettre domin. C'est ce qui arrive pour l'année 942. Or, le 13 juin 942 tombe dans la 6e année du règne et il faut lire à la date VI au lieu de II.

N° 549. (B. N. cop. 6-222.) *Die jovis, quarto kalendas jenoarias, annos XX rennante Luvico* (sic) *rege*. Nous mentionnons cette date parce qu'elle a donné lieu à une longue note de L. de Barive et à des observations de la part des membres du Cabinet des Chartes. Le premier pensait qu'il fallait compter ici le règne de Louis d'Outremer de 929. Le mois de décembre de la 20e année aurait répondu à décembre 948. Les seconds, au contraire, font remarquer que jeudi 29 décembre répond à la lettre domin. B. Or, sous Louis IV il n'y a que les années 936, 942 et 953 qui soient dans ce cas, mais aucune d'elles ne s'accorde avec le calcul proposé par L. de Barive. Ils préfèrent en conséquence, ce que nous avons adopté, lire an VII au lieu d'an XX et dater l'acte de 942, 29 décembre.

N° 623. (B. N. cop. 7-8.) *Die veneris, pridie kal. aprilis*, [*anno*] *VII regnante Ludovico rege*. Vendredi, 31 mars, donne A. Or, la lettre de 943 est A. 943, 31 mars.

N° 632. (B. N. cop. 7-34.) *Die mercoris, VIIII kal. junii, anno VII regni Hludovici regis*. Mercredi 9 des cal. de juin ou 24 mai donne pour lettre domin. A, qui est celle de l'année 943.

N° 633. (B. N. cop. 6-231.) *Die jovis, VIII kalendas junii, anno VII regni Hludovici regis*. Jeudi 8 des calendes de juin ou 25 mai répond à la même lettre domin. et par suite à la même

---

1. Hugues de Bagé, d'après Guigue, *Topographie de l'Ain*, art. Romans.

année 943. Le n° 634 (B. N. cop. 7-15) a la même date que le n° 633.

N° 639. (B. N. cop. 6-219.) *Die mercoris, [in m]ense junius, septimo idus, anno VII regante* (sic) *Lodvis rege.* Mercredi 7 des ides de juin ou 7 juin suppose lettre domin. A et répond au 7 juin 943.

N° 646. (B. N. cop. 7-106.) *Die jovis,* VII *kalendas novembris, anno X regnante Ludvico rege.* Nous avons remarqué[1] que cette date, qui ne peut convenir qu'au 26 octobre 943 (jeudi 26 octobre répond à A), doit être ramenée à l'an VIII, car dans aucun calcul l'an X ne correspond à 943.

N° 667. (B. N. cop. 7-70.) *Sub die sabbati,* VIII *idus marcii, anno VIII regni Hludovici regis.* Nous corrigeons an VIII en VIIII, parce que le 8 des ides de mars ou 8 mars de la 8ᵉ année répondait au 8 mars 944, qui était un vendredi ; au contraire l'année suivante, 945, le 8 mars tomba un samedi.

N° 676. (B. N. cop. 7-86.) *Die lunis, post die klendes frebroaries, regnante Luduvico rege.* En admettant qu'il s'agit du jour qui suit immédiatement le 1ᵉʳ février, le lundi après le jour des calendes de février suppose que le mois de février commence par un dimanche. Or, dimanche 1ᵉʳ février répond à D. Mais, sous le règne de Louis IV, il n'y a que 946 qui ait D, l'année 940 bissextile a E pour lettre domin. au mois de février. En 946, le 2 février est un lundi. La date est donc 946, 2 février.

N° 683. (A. a. 157.) *Die jovis,* VIII *kalendas madii, anno XVI regnante Ludovico rege.* Il y a ici encore à faire une correction. Jeudi 9 des calendes de mai ou 23 avril répond à D. Or, D concorde avec 940 et 946, 4ᵉ et 10ᵉ années de Louis. Nous nous sommes décidé pour la Xᵉ, comme étant l'année la plus rapprochée de celle qui est exprimée dans le texte du cartulaire.

N° 688. (C. 51.) Ce n° est un diplôme de Louis d'Outremer dont voici les formules : *In nomine Domini Dei et Salvatoris nostri Jesu Christi. Hludovicus, divina ordinante providentia, rex... Actum Capriniaco villa, kal. jul. anno XI regni Hludowici regis, quando etiam Franciam recuperavit.* Ce privilège accordé à l'abbaye de Cluny, et qui est daté de 946, 1ᵉʳ juillet, peut servir à prouver qu'en cette année même le roi avait recouvré son pouvoir sur une partie de la France du

---

1. *Recueil des chartes de l'abbaye de Cluny.* N° 646, page 602, note 1.

nord après sa victoire sur Hugues, duc de France et comte de Paris, grâce à l'appui que lui avaient prêté Othon le Grand et Arnoul, comte de Flandre, aidés de Conrad, roi de Provence. Ce diplôme, ainsi que le suivant (n° 689), qui est de la même date, s'appliquent à des biens situés en Lyonnais, pour lesquels l'abbaye de Cluny jugea utile de réclamer la protection de Louis d'Outremer, dès qu'il fut réintégré dans sa puissance. Le n° 690 (C. 62.) a la même date que les deux précédents diplômes.

N° 697. (A. a. 72.) *Sub die lunis*, II *nonas januarii, anno nono regnante Ludovico rege.* Lundi 2 des nones ou 4 janvier donne pour lettre domin. C. Or, sous le règne de Louis d'Outremer, aux environs de la 9e année, il n'y a que 941 et 947 qui aient C pour lettre domin. Nous avons choisi de préférence 947, qui répond à la XIe année, le scribe ayant pu confondre IX avec XI.

N° 698. (B. N. cop. 7-130.) *Die dominico*, IIII *nonas julii, anno XII regnante Ludovico rege.* Dimanche 4 des nones ou 4 juillet répond à C. Or, 947 a C pour lettre domin.

N° 700. (B. N. cop. 8-10.) *Sub die sabbati*, XIIII *kalendas octobris, anno XII regnante Luduvico rege.* Samedi 14 des calendes d'octobre ou 18 septembre répond à la lettre domin. C.

N° 704. (B. N. cop. 7-146.) *Die veneris, pridus genoarii, anno XII regnante Loddovico rege.* Cet acte présente une difficulté résultant du mot *pridus*. Nous l'avons daté comme s'il y avait *pridie calendas januarii*, la veille des calendes de janvier, 31 décembre 947. En effet, le 31 décembre tombait un vendredi en 947, 12e année de Louis IV. Si on lisait *pridie idus januarii*, la veille des ides, on aurait le 12 janvier 949, qui tomba en effet un vendredi ; mais alors pour que cette date fût dans la 12e année, il faudrait compter les années depuis 938, ce qui a lieu quelquefois, comme nous le montrerons plus loin.

N° 737. (B. N. cop. 8-70, et A. a. 246.) *Die dominico, kalendas aprilis, anno XVII regnante Ludovico rege.* 949, 1er avril. Le 1er avril n'est tombé un dimanche sous Louis d'Outremer que deux fois, en 938 et 949. Or, ces années ne s'accordent ni avec la 17e, ni avec la 8e, comme porte le cartulaire. Mais l'année 949 concourt avec la 13e, si on la compte du 19 juin 936[1].

1. C'est par erreur que la note 2 de la page 693 du tome Ier du *Rec. des chartes de l'abbaye de Cluny* propose de lire XIIII ; c'est XIII qu'il faut substituer à XVII.

N° 748. (B. N. cop. 7-247.) *Die mercoris, in kalendas agutes, annos XV regnante Luuvigo rege.* 949, 1er août. Le mercredi 1er des calendes d'août répond au 1er août 949, lettre domin. G. Mais le 1er août 949 était dans la 14e et non dans la 15e année de Louis d'Outremer. Il faut donc lire *annos XIV*.

N° 769. (B. N. cop. 7-221.) *Die martis, V° kalendas gunii, anno XIIII regnante Ludvico rege.* Mardi 5 des calendes de juin ou 28 mai suppose pour lettre domin. F, qui est celle de 950. La date est 950, 28 mai.

Le n° 774 (D. 306) est un diplôme dont les formules diffèrent de celles du n° 688 : *In nomine sanctæ et individuæ Trinitatis. Ludovicus, divina propitiante clementia, Francorum rex..... Actum in placito quod fuit in villa quæ dicitur Trisburgo, VI idus junii, indictione octava, anno autem XIIII regnante rege Ludovico.* Le 8 juin de la 14e année répond au 8 juin 950, indiction 8e.

Le n° 780 (A. o. 138.) nous offre encore un exemple de l'année de l'Incarnation jointe à l'année du règne. Cette date est assez intéressante par sa forme : *Est autem anno incarnationis Domini DCCCCL, inditione XIIII, III kalendas novembris, feria VII..... Ego frater..... rogatus scripsi anno XV regnante Ludvico rege.* Le samedi 3 des calendes de novembre répond à la lettre domin. C. Or 950 a F. Mais l'an 15 de Louis IV s'accordant avec 950, il nous a semblé que l'on devait corriger le jour de la férie et lire *feria IIII*, mercredi. Or, en 950, le 30 octobre était en effet un mercredi. Toutefois, en cette même année, l'indiction était VIII et non pas XIII, mais les deux chiffres peuvent avoir été confondus par le copiste du cartulaire.

Sous le n° 799 (B. N. cop. 7-232), un plaid tenu à Mâcon devant le comte, le vicomte et les échevins, nous fournit une double date : *Apud Matisconum, sub die mercoris, II idus febroarii,* et à la fin : *sub die mercoris, II nonas aprilis, anno XV regnante Hludovico rege.* Le mercredi 12 février indique pour lettre domin. E, qui est la lettre de 951, 15e année de Louis IV. Ceci étant établi, la date finale doit être rectifiée, car le mercredi tombait le 4 des nones d'avril et non le 2, en 951. Le 2 des nones répondrait au vendredi 4 avril.

N° 815. (B. N. cop. 8-40.) *Die lunis, kalendas decembris, anno XVI regnante Lodovic rege.* Lundi 1er décembre répond à E, qui est la lettre domin. de 951.

N° 824. (B. N. cop. 8-54.) *Anno ab incarnatione Domini DCCCCLII, indictione X, anno XVI regnante Ludovico rege.* Cet acte montre que l'an de l'Incarnation 952 concourt avec la 16ᵉ année de Louis IV, qui doit être comptée de 936. Le chiffre de l'indiction est exact. L'omission du nom du mois ne permet pas de dire si l'année est comptée de janvier ou du 19 juin ; dans le premier cas, la date est renfermée entre le 1ᵉʳ janvier et le 18 juin ; dans le second, elle est resserrée entre le 1ᵉʳ et le 13 ou 14 janvier 952.

N° 854. (B. N. cop. 8-78.) *Die martis, id. septembris, anno XVIII regnante Ludovico rege.* Le mardi 13 septembre exige la lettre domin. B. Or, c'est précisément celle de l'année 953, 18ᵉ de Louis d'Outremer.

Enfin, le dernier acte qui rentre dans ce calcul des années de Louis IV nous offre encore un exemple de l'année de l'Incarnation. N° 864. (A. a. 137.) *Anno ab incarnatione Domini DCCCCLIII, inditione XI, anno XVIII regnante Ludoico rege.* L'an 953 correspond avec la 18ᵉ année du règne de Louis d'Outremer et avec la 11ᵉ indiction. On peut faire ici la même observation qu'au n° 824, au sujet de l'absence du mois.

2° *Du 14 ou 15 et, par exception, du 1ᵉʳ janvier 936.*

On fait remonter quelquefois, en Bourgogne, le règne de Louis d'Outremer au 14 ou 15 janvier 936, c'est-à-dire à la mort de Raoul. Nous en avons quelques exemples.

N° 618. (B. N. cop. 7-69.) *Die veneris, VI kalendas febroarias, anno VIII regnante Ludovico rege.* Vendredi 6 des calendes de février ou 27 janvier donne A. Or, la lettre domin. de 943 est A. La date est 943, 27 janvier.

N° 619. (B. N. cop. 6-242.) Même date que la précédente.

N° 698. (B. N. cop. 7-130.) *Die lunis, XIII kalendas magii, anno XII regnante Ludovici regis.* 947, 19 avril. Le 13 des calendes de mai, ou 19 avril, tomba un lundi en 947.

N° 731. (B. N. cop. 7-180.) *Die lunis, Vᵗᵒ idus genoarii, annos XIIII regnante Lodovico rege.* Cette date, qui répond au 8 janvier 949 (lundi 8 janvier répond à G. Or, 949 a G) prouve que l'on a compté quelquefois les années de Louis d'Outremer, non pas du 14 janvier, mais du commencement même du mois. Car si l'on faisait partir l'année du 14 janvier, le 8 janvier de la

14ᵉ année serait 950. Or, l'acte appartient positivement à 949.

Nº 743. (A. o. 30.) Nous avons à examiner maintenant deux actes passés à Châlon et datés de l'an de l'Incarnation, le premier a, en outre, l'année du règne : *Anno incarnationis Dominice DCCCCXLVIIII, indictione VIII, die dominico, III idus madii, anno XIIII, rege Lodowico litigante scilicet cum Hugone marchione.* Le dimanche 3 des ides de mai ou 13 mai répondant à 949, les années du règne doivent être comptées du 14 janvier 936, l'indiction devrait être 7 et non 8. Cette date fait allusion à la lutte qui exista entre Louis d'Outremer et Hugues le Grand, et qui ne prit fin qu'en 950. Il faut rapprocher de cette charte un autre acte analogue, le nº 738, dans lequel manque l'année du règne.

Nº 738. (B. o. 249.) *Data anno incarnationis Domini nostri Jesu-Christi DCCCCXLVII, indictione VII, die martis, xv kalendas maii, litigante rege Ludowico cum Ugone, marchione nobilissimo.* L'année de l'Incarnation doit être corrigée ; le 15 des calendes de mai ou 17 avril tomba en 947 un samedi, et seulement en 949 le mardi ; cette année-là l'indiction était la 7ᵉ. La date est donc 949, 17 avril.

Nº 763. Le commencement du règne qui est pris du 14 janvier 936 est quelquefois employé dans les diplômes de Louis IV. En voici un exemple (B. N. or. 27) : *In nomine sanctæ et individuæ Trinitatis. Ludowicus, divina propitiante misericordia, Francorum rex..... Actum Polliaco villa super Ligerim, III nonas febroarii, indictione VI, anno autem XV regnante Ludovico rege glorioso.* Le 3 des nones de février ou 3 février de la 15ᵉ année répond à 950. Il est vrai qu'en cette année l'indiction était VIII, mais en 951 l'indiction était la IXᵉ, qui est encore plus éloignée de la VIᵉ. Le mot *glorioso* fait peut-être allusion aux succès du roi, qui, par suite de la soumission de Hugues le Grand, s'était vu restituer la citadelle de Laon[1].

Il faut faire rentrer dans le même système de calcul le nº 797 (A. a. 18) dont la date est ainsi conçue : *In mense januario, regnante Ludowico rege anno XVI.* L'acte est donné par Charles Constantin et signé par Léotald, comte de Mâcon. Il a dû être passé dans cette ville, lorsque Charles Constantin, prince de Vienne, vint y trouver Louis d'Outremer, suivant la chronique

---

1. *Richeri histor.* lib. II, cap. 97.

de Richer, en 951¹. L'acte est donc de cette même année, et pour cela il faut que la 1ʳᵉ année commence au mois de janvier 936. Nous avons appliqué le même calcul au n° 798, qui a été rédigé en Mâconnais l'an 16 de Louis IV, ainsi qu'au n° 811, passé à Lourdon près Cluny.

Le n° 882 doit aussi rentrer forcément dans ce calcul. En effet, voici les termes de la date (B. N. cop. 8-110) : *Die primo mensis junii, anno XVIIII regnante Hludvico rege.* Or, dans le comput du 19 juin 936, la 19ᵉ année va du 19 juin 954 au 10 septembre, jour de la mort de Louis IV, et n'a pas de 1ᵉʳ juin. Il faut donc compter la 19ᵉ année du 14 janvier 954.

Voilà donc au moins huit exemples bien constatés du point de départ du 14 ou 15 janvier, et par exception, du 1ᵉʳ janvier 936. Nous allons montrer que l'on a compté également les années de Louis IV à partir de 937 et de 938.

3° *Du 19 juin* 937.

Nous avons dix-neuf chartes qui doivent être datées en comptant les années de Louis depuis 937. Les voici : n° 486. (A. a. 21.) *Die dominico, v idus marcii, apud Evuirandam, anno I regnante Lucdovico rege.* 11 mars 938. En effet, 5 des ides ou 11 mars répond à G. Or, 938 a G pour lettre domin. C'est la 1ʳᵉ année depuis le 19 juin 937².

N° 492. (B. N. cop. 6-107.) *Die dominico,* xvi *kalendas octubris, anno secundo regnante Ludvico rege.* Dimanche 16 des calendes d'octobre ou 16 sept. exige la lettre domin. G. 938 a G, donc la 1ʳᵉ année doit commencer après juin 936. Nous pensons qu'elle doit être comptée du 19 juin 937. En appliquant le même calcul aux autres chartes, on arrive aux résultats suivants :

N° 503. (A. o. 108.) *Die martio,* xvi *kalendas januario, anno III regnante Ludovico rege.* 939, 17 décembre. Mardi 17 décembre donne pour lettre domin. F, qui est celle de 939³.

N° 506. (A. o. 165.) *Die dominico,* xiiii *kalendas febroa-*

---

1. Voir *Bosonides, Archiv für schweizerische Geschichte*, t. 8, p. 101 et 102, note. Louis intervint dans l'acte parce que Cluny était situé dans le Mâconnais, qui dépendait de la couronne de France.

2. C'est par inadvertance que la note relative à cette charte suppose qu'il faut lire *anno II*; l'an 1ᵉʳ suffit à condition de dater les années de 937, 19 juin.

3. Il est inutile de lire IIII pour III, comme le proposait A. Bernard; décembre 939 est en effet dans la 3ᵉ année depuis le 19 juin 937.

rias, anno III regnante Ludovico rege. 940, 19 janvier. Dimanche 14 des calendes de février ou 19 janvier répond à E. Or, 940 a pour lettres domin. ED.

N° 507. (B. N. cop. 6-121.) *Die lunis,* III *nonas febroarias, anno tercio regnante Ludvico rege.* 940, 3 février. Lundi 3 des nones de février ou 3 février répond à E. 940, année bissextile, a pour lettres dominicales ED[1].

N° 533. (A. o. 49.) *Die mercurio,* II *kalendas julii, anno V regnante Ludowico rege.* 941, 30 juin. Mercredi 2 des calendes de juillet ou 30 juin donne C. Or, 941 a C.

N° 534. (B. N. cop. 6-170.) *Die lunis,* IIII *nonas augusti, annos V regnante Ludvico rege.* 941, 2 août. Lundi 4 des nones ou 2 août donne C. Or, 941 a C.

N° 719. (A. a. 165.) *Sub die jovis,* IIII *nonas madii, anno XI regnante Ludovico rege.* 948, 4 mai. Jeudi 4 des nones ou 4 mai donne A, qui est la lettre dominicale de 948[2].

N° 745. (B. N. or. 24, et A. a. 163.) *Sub die veneris, VI idus jun., anno XII regni Hludovici regis.* 949, 8 juin. Vendredi 6 des ides ou 8 juin donne G. Or, 949 a G pour lettre dominicale. Il est inutile de supposer qu'il faut lire *januarii* comme dans A.

N° 753. (B. N. cop. 7-164.) *Sub die sabato,* XVIII *kalendis januariis, anno XIII regnante Luduvici regis.* 949, 15 décembre. Samedi 18 des calendes de janvier ou 15 décembre donne G. Or, 948 a G[3].

N° 764. (B. N. cop. 7-158.) *Sub die mercoris,* XV *kalendas magii,* et à la fin : *sub die sabbati,* XII *kalendas magii, anno XIII regnante Hludovici regis.* 950, 17 et 20 avril. En effet, mercredi 15 des calendes ou 17 avril et samedi 20 avril répondent l'un et l'autre à F. Or, 950 a F pour lettre domin.

N° 767. (B. N. cop. 7-157.) *Die veneris,* XVI *kalendas junii, anno XIII regni Hludovici regis.* 950, 17 mai. Vendredi 16 des calendes de juin répond à F, lettre domin. de 950.

N° 768. (A. a. 19.) *Sub die sabbati,* XV *kalendas junii, anno XIII regnante Ludovico rege.* 950, 1er juin. Samedi

---

1. La 3e année comptée du 19 juin 937 s'étend du 19 juin 939 au 18 juin 940. Modifier en ce sens la note 3 de la page 493 des *Chartes de l'abb. de Cluny.*
2. La correction an XII pour an XI proposée par M. A. Bernard est inutile.
3. Inutile de lire ici XIIII au lieu de XIII.

1ᵉʳ juin donne F. Or, 950 a F. Le n° 773 (A. a. 6.) a la même date.

N° 810. (B. N. cop. 7-243.) *Die jovis, IIII kalendas gunii, anno XIIII regnante Ludvico rege.* 951, 29 mai. Jeudi 4 des calendes de juin ou 29 mai donne E. Or, la lettre dominicale de 951 est E.

N° 822. (B. N. cop. 7-237.) *Sub die sabbati, IIII idus aprilis, anno XV regnante Hludovici regis.* 952, 10 avril. Samedi 4 des ides d'avril donne C. Or 952 a pour lettres dom. DC[1].

N° 838. (B. N. cop. 8-102.) *Sub die sabbati, in mense aprili, v idus aprilis, anno XXVI imperii Ludovici regis.* 953, 9 avril. Samedi 9 avril donne B. Or, 953 a B. Pour arriver à cette date, il faut supprimer un X dans le chiffre des années et lire XVI. En effet, le 9 avril samedi se trouve dans la 16ᵉ année comptée depuis le 19 juin 937 et non pas 938, comme le pensait M. Bernard. Mais peut-être vaut-il mieux rendre cet acte à Louis l'Aveugle, et le dater de 926, comme nous l'avons proposé [2].

N° 843. (B. N. cop. 8-73.) *Sub die lunis, III kalendas junii, anno XVI regni Hludovici regis.* 953, 30 mai. Lundi 3 des calendes de juin ou 30 mai répond à B. Or 953 a B pour lettre dominicale.

4° *Du 19 juin* 938.

Cette manière de calculer les années de Louis d'Outremer s'applique aux dix chartes suivantes, qui ont des dates certaines prouvées par les lettres dominicales. Ce calcul semble prouver que dans certaines parties au moins de la Bourgogne et surtout dans la Basse-Bourgogne, Louis d'Outremer ne fut reconnu qu'en 938. Il faut rapprocher de ces chartes l'assertion de D. Bouquet [3], qui cite à ce propos une donation faite au monastère de Saint-Bénigne de Dijon, laquelle a pour date : *Anno secundo post obitum Rodulfi regis Francorum, Hugone principatum tenente.* Cette charte est imprimée dans Pérard, *Recueil de pièces servant à l'histoire de Bourgogne*, pag. 161.

N° 644. (A. a. 166.) *Sub die dominico, VIII idus octobris, anno VI regnante Ludovico rege.* Le 8 des ides ou 8 octobre tombe un dimanche en 943, lettre domin. A.

---

1. Il est inutile de lire an XVI et de compter les années de 938. *Chartes de Cluny*, t. I, p. 777, note 2 à effacer.
2. *Chartes de l'abbaye de Cluny*, tome Iᵉʳ, p. 794, note.
3. *Rec. des historiens de France.* T. IX, p. 582.

N° 645. (A. a. 47.) *Sub die sabbati,* II *idus octobris, anno VI regni Hludovici regis.* 943, 14 octobre. Le 2 des ides ou 14 octobre tombe un samedi, en la même année 943.

N° 677. (A. a. 97.) *Sub die jovis,* IIII *kalendas marcii, anno octavo regnante Ludoico rege.* 946, 26 février. Jeudi 4 des calendes de mars ou 26 février répond à D, qui est, en effet, la lettre dominicale de 946[1].

N°s 749 et 750. (B. N. cop. 7-173 [1 et 2].) *Sub die martis,* XII *kalendas septembris, anno XII regnante Hludovici regis.* 949, 21 août. En effet, mardi 12 des calendes de septembre ou 21 août répond à G, lettre domin. de 949.

N° 751. (B. N. cop. 7-175.) *Sub die martis,* V *kalendas september, anno XII regni Hludovici regis.* 949, 28 août. Mardi 5 des calendes de septembre ou 28 août répond à G.

N° 765. (B. N. cop. 7-220.) *Sub die sabbati,* XII *kalendas magii, anno XII regni Hludovici regis.* 950, 20 avril. Samedi 12 des calendes de mai ou 20 avril répond à F. Or, 950 a F.

N° 775. (B. N. cop. 7-245.) *Sub die martis,* III *idus junius, anno XII regnante Ludovici regis.* 950, 11 juin. Mardi 3 des ides de juin ou 11 juin répond à F.

N° 828. (A. b. 27.) *Datum* VIII *idus novembris... anno XV regnante Ludovico rege, indictione X.* 952, 6 novembre. Nous n'avons pas de date certaine établie sur le jour de la semaine et le quantième du mois comparés à l'année du règne ; mais il est permis de s'appuyer ici sur l'indiction X, qui est celle de l'année 952.

N° 842 (A. a. 142.) *Sub die lunis,* X *kalendas junii, anno qui[n]to decimo regnante Luduvico rege.* 953, 23 mai. Lundi 10 des calendes de juin ou 23 mai répond à B. Or, 953 a B pour lettre domin. [2]

---

1. C'est par erreur que nous avons imprimé dans le tome Ier des *Chartes de Cluny*, p. 631, que les années sont comptées ici de 939.

2. Il y a une observation à faire quand on compare les noms des scribes avec les divers calculs des années de Louis IV. Quoiqu'il n'y ait pas, suivant nous, possibilité de fonder un système de datation sur les noms des scribes, nous devons remarquer cependant que toutes les chartes datées du 19 juin 938, sauf une (n° 828), ont été écrites et datées par *Berardus* et une *ad vicem Berardi*. On peut donc croire que ce comput est particulier à ce scribe. Au contraire, le point de départ du 19 juin 937 est commun à Bérard et à cinq autres scribes différents.

5° *De* 939.

Nous avons un acte dans lequel les années de Louis IV semblent avoir été comptées de 939.

N° 856. (A. b. 144.) *Sub die jovis,* III *idus octobris, anno XV regnante Ludovico rege.* 953, 13 octobre. Jeudi 3 des ides d'octobre ou 13 octobre répond à B. Or 953 a B. Pour que le 13 octobre 953 soit dans la 15e année, il faut que la 1re ait commencé au plus tôt le 14 octobre 938. On est donc amené à penser que l'on a pu dater les années de Louis d'Outremer de 939, à moins que l'on n'admette qu'il faut lire *anno XVI* au lieu de *XV*, auquel cas cette charte rentrerait dans le système précédent, qui compte les années du règne du 19 juin 938.

Nous examinerons, en finissant ce qui concerne le roi Louis IV, une charte qui est datée de l'an de l'Incarnation, mais dans laquelle il y a évidemment une erreur.

N° 724. (A. a. 4.) *Data mense augusto, anno incarnationis Dominice DCCCCXLVIII, indictione, regni autem Ludovici regis Francorum anno X.* Nous avons daté cet acte d'août 948, en nous attachant peut-être trop étroitement au texte que nous avions sous les yeux. Ce qui fait la difficulté, c'est que d'une part, Mabillon déclare qu'il a vu l'original daté de 945, indict. 3, et que le *Gallia christiana* porte *DCCCCXLVIII, indict.* (VI), et cependant Mabillon, comme le *Gallia* datent cet acte de l'an XII du règne. Or, pour accorder l'an du règne avec l'année de l'Incarnation, il faudrait lire, non pas XII, mais XIII. Comme rien n'autorise à faire ce changement, il nous paraîtrait en somme plus simple de lire comme s'il y avait *DCCCCXLV, III indictione.* 945, 3e indiction. En effet, le mois d'août 945 correspond à l'indiction III et à la 10e année de Louis IV, comptée du 19 juin 936. Ce serait une charte de plus à ajouter à notre paragraphe 1er.

XIV. — LOTHAIRE.

Lothaire, fils de Louis d'Outremer, associé au royaume de France par son père en 952 ou 951[1], lui succéda le 10 septembre 954 et fut couronné le 12 novembre suivant ; il mourut le 2 mars 986.

---

1. *L'Art de vérifier les dates* dit 952 ; on verra plus loin que cette association eut lieu en 951 et peut-être même en 946.

D'après les traités de diplomatique[1], la plupart des chartes marquent le commencement du règne au 12 novembre 954, d'autres au 10 septembre de la même année. Enfin on rencontre trois autres époques qui sont 950, 951 et 955.

Ces faits se vérifient dans les chartes de Cluny ; la plupart, en effet, sont datées du 12 novembre 954; d'autres de 951 et 955. Mais nous pouvons y ajouter encore d'autres points de départ inconnus jusqu'ici, savoir : 952, 954, commencement de l'année, 12 novembre 956, 957, et enfin, ce qui paraît plus extraordinaire, l'année 946.

1° *Du 12 novembre 954.*

C'est là le point de départ ordinaire, celui que nous suivons généralement en l'absence de preuve contraire en faveur d'un autre calcul. Le nombre des chartes ainsi datées est considérable; nous en citerons seulement, à titre d'exemples, quelques-unes dont les dates sont certaines.

Voici d'abord une date dans laquelle les signes chronologiques sont multipliés et ne laissent aucun doute :

N° 993. (A. a. 62.) *Data in mense aprili, mensis ejusdem tercie ebdomadis, apud Cluniacum monasterium, a Rodulfo levita, anno Dominice incarnationis DCCCC^{mo} LVI, indictione* XIII, *anno autem imperii Lotharii regis, filii Ludovici regis, secundo.* 956, 13-19 avril. En comptant du 12 novembre 954, le mois d'avril 956 se trouve dans la 2e année du règne. Le scribe a ajouté le calcul d'une ère du monde qu'il est fort difficile de reconnaître et qui ne nous apprend rien de plus : *Fiunt autem nunc usque anni ab origine mundi quatuor milia DCCCC^{ti} VIIII.* Les actes suivants semblent indiquer que le mois d'avril 956 était au commencement ou du moins dans la première partie de l'an II du règne.

N° 994. (A. m. 57.) *Data in mense aprili tercie ebdomadis mensis ejusdem, anno II incipiente ex quo cepit regnare Lotharius rex, filius Ludowici regis.* 956, 13-19 avril.

N° 995. (A. m. 213.) *Data mense aprili, feria* V *tercie ebdomadis ejusdem. Rodulfus levita scripsit, anno secundo in[ci]piente ex quo regnare cepit Lotharius, filius Ludovici*

---

1. Ces faits sont résumés dans les *Éléments de paléographie* de M. de Wailly, tome 1.

regis. 956, 17 avril. Ces actes pourraient donc être datés du commencement de 955, si l'on admettait que le mois d'avril est le commencement de la 2ᵉ année ; mais le fait ne nous a pas paru suffisamment prouvé[1].

N° 1002. (B. N. Lat. n. a. 2154, n° 15.) *Sub die veneris, id. jun. anno II regni Hlotharii regis.* Vendredi 13 juin répond à E. Or, 956 a pour lettres dominicales FE. 956, 13 juin.

N° 1059. (A. m. 638.) *Die martis* VI *kalendas mai, anno V Lotharii regis.* Mardi 6 des calendes de mai ou 26 avril donne B. Or, 959 a B. 959, 26 avril.

N° 1090. (B. N. cop. 9-87.) *Die veneris,* IIII *idus octobris, annos VI regnante Lotario rege.* Vendredi 4 des ides d'octobre ou 12 octobre répond à G. Or, 960 a pour lettres dominicales AG. 960, 12 octobre.

N° 1109. (B. N. cop. 9-152.) *Sub die jovis,* XI *kalendas septembris, anno V regni Hlotharii regis.* Jeudi 11 des calendes de septembre ou 22 août répond à F. Or, 961 a F. Mais le 22 août 961 est dans la 7ᵉ année ; il y a ici à corriger l'année du règne, ce qui paraît évident, si l'on rapproche cette pièce du n° 1108 dans lequel figurent les mêmes acquéreurs.

N° 1101. (B. N. cop. 10-17.) *Sub die jovis,* XVI *kalendas februarii, anno XI regnante Lotario regis.* Cette date présente une assez grande difficulté pour faire concorder ensemble les notes chronologiques. Jeudi 16 des calendes de février ou 17 janvier répond à F et peut se rapporter aux années 961 et 967 qui étaient la 7ᵉ et la 13ᵉ de Lothaire. Nous avons adopté la première de ces deux années, car pour faire concorder l'année du règne avec le jour de la semaine, il faudrait lire XIV des calendes de février, et dater l'acte du 19 janvier 965. Il nous paraît préférable de penser qu'il y a erreur dans la date du règne[2].

N° 1162. (A. m. 616.) *Feria* VI, VIII *kal. januarii, anno X Lotharii regis.* Férie 6, 8 des calendes de janvier ou vendredi 25 décembre répond à D. Or, 963 a D. 963, 25 décembre.

N° 1324. (B. N. cop. 11-54.) *Die veneris,* VIII *kalendas*

---

1. Il ne paraît pas, en effet, qu'il faille attacher une grande importance à cette formule *anno incipiente,* car le même scribe l'emploie pour le mois de juin. N° 1001 (cop. 8-146). *Rodulphus levita scripsit atque subscripsit tertia die mensis junii, quod est tertio nonas ejusdem suprascripti mensis, anno secundo incipiente ex quo [regnare] cœpit Lotharius rex, filius Ludovici.*

2. Si l'on faisait partir les années de février 955, le mois de janvier 961 correspondrait à la VIᵉ année. Or, on a pu lire XI pour VI.

novenbris, annos XVIII rengnante Loterio rege. Vendredi 8 des calendes de novembre ou 25 octobre répond à F. Or, 972 a GF. 972, 25 octobre.

N° 1674. (B. N. Lat. n. a. 2154, n° 47.) *Die marcis,* IIII *kal. mayi, annos XXX regnante Lotario rege.* Mardi 3 des calendes de mai ou 29 avril répond à E. Or, 984 a FE.

Ainsi, indépendamment de l'usage général, qui est conforme, voilà un certain nombre d'actes qui prouvent que l'on a compté les années de Lothaire du 12 novembre 954, puisqu'ils rentrent dans les années calculées depuis cette époque.

Nous avons encore un acte, celui-ci daté de l'année de l'Incarnation, qui s'accorde aussi avec ce mode de calcul; c'est le n° 1007 (B. N. cop. 8-229). *Hæc descriptio facta est a Rodulfo, anno Dominicæ incarnationis DCCCCLVI, anno tercio imperii Lotharii regis, filii Ludovici imperatoris*[1].

2° *Du 10 septembre* 954.

Les chartes datées du 10 septembre 954, c'est-à-dire de la mort de Louis d'Outremer, sont seulement au nombre de deux.

La première a, comme le n° 1007, l'année de l'Incarnation. N° 1038. (B. N. cop. 9-21) *Anno ab incarnatione Domini*

---

1. Nous croyons utile de joindre ici le relevé des chartes dans lesquelles les années du règne de Lothaire sont datées du 12 novembre 954.

An Ier : n°s 884-888, 969-975, 976 (?), 977-981. — An II : 992-1004. — An III : 1007, 1010-1014, 1018 (?), 1024, 1027-1032, 1033-1036, 1039. — An IV : 1021, 1040-1041, 1045, 1048-1051. — An V : 1055, 1056, 1058-1066, 1069, 1070, 1109. — An VI : 1072-1075, 1079, 1081-1083, 1085, 1086, 1088, 1090. — An VII : 1091, 1092, 1098, 1099, 1101, 1103-1107, 1110, 1111, 1113. — An VIII : 1114, 1117-1119, 1121, 1123, 1124, 1128-1138. — An IX : 1139-1142, 1144, 1146, 1148, 1149, 1153-1155, 1157, 1158, 1161. — An X : 1162, 1163, 1166-1180. — An XI : 1182-1184, 1186. — An XII : 1188, 1190-1198, 1202-1205, 1207, 1209, 1211-1213. — An XIII : 1216-1217, 1219, 1221, 1222, 1231. — An XIV : 1232-1240. — An XV : 1241-1246, 1252-1259, [1261], 1264-1266, 1268-1270. — An XVI : 1273-1275, 1277, 1279, 1280, 1282, [1283], 1284-1288. — An XVII : 1289, 1292, 1302, 1305. An XVIII : 1309-1312, 1315-1318, 1323-1325. — An XIX : 1328, 1329, 1331, 1332. — An XX : 1334-1354, 1357-1402, 1404. — An XXI : 1406-1410, 1413-1415. An XXII : 1416-1418, 1425-1428, 1430. — An XXIII : 1420, 1432, 1435, 1436, 1438-1442. — An XXIV : 1443, 1446. — An XXV : 1454, 1455, 1458-1466, 1470, 1473, 1481-1484, 1490, 1492, 1493, 1495, 1499. — An XXVI : 1504-1507, 1509-1514, 1516-1517, 1521-1536. — An XXVII : 1538-1540, 1548-1551, 1556, 1557. — An XXVIII : 1560, 1561, 1567-1620, 1622-1624. — An XXIX : 1625-1634, 1637. — An XXX : 1638-1671, 1673-1705. — An XXXI : 1708, 1711 et 1717.

Du règne de Lothaire, sans année déterminée, n°s 890-898, 983-990, 1042, 1043, 1164, 1450.

nostri Jesu-Christi DCCCLVII, anno quarto imperii Lotharii regis, in mense octobri, tercia feria, quod est VI *kalendas novembris.* An 957, mardi 6 des calendes de novembre ou 27 octobre répond à D. Or, 957 a en effet D. Mais pour que le 27 octobre soit dans la 4ᵉ année, il faut et il suffit que la 1ʳᵉ année commence au plus tard le 27 octobre 954. Or, le point de départ le plus proche en remontant depuis le 12 novembre est celui du 10 septembre 954.

Nº 1187. (B. N. cop. 10-67.) *Die dominico,* IIII *kal. novimber, annos XII regnante Lotario regis.* Dimanche 4 des calendes de novembre ou 29 octobre répond à A. Or, 965 a pour lettre domin. A. On peut faire ici, quant à l'année du règne, le même raisonnement qu'à l'acte précédent [1].

3º *Du commencement de l'année 954.*

Nous avons une dizaine de chartes qu'il faut dater d'un point de départ non reconnu jusqu'à présent et que nous espérons établir de la manière la plus formelle. Voici ces actes :

Nº 1021. (B. N. Lat. n. a. 2154, nº 16.) Cette charte est datée de l'année de l'Incarnation. *Data* VIII *kal. martii, anno incarnationis Dominicæ DCCCLVII, regni autem Lotharii serenissimi regis IIII.* Le 8 des calendes de mars ou 22 février 957 correspondant à la 4ᵉ année de Lothaire, il faut que la 1ʳᵉ année ait commencé avant le 22 février 954 ; comme nous trouverons ci-dessous des actes des 12 et 13 février, nous admettons et on admettra avec nous que la 1ʳᵉ année doit être comptée du commencement de 954 ou que les mois de novembre et décembre 954 comptent pour une année entière, en sorte que la 2ᵉ année commence au 1ᵉʳ janvier 955 et de même pour les années suivantes.

Nº 1087. (B. N. cop. 9-117.) *Data per manu Berardi, sub die lunis,* XIII *kal. septembris, anno VII regni Hlotharii regis.* Lundi 13 des calendes de septembre ou 20 août répond à G. Or, 960 a pour lettres domin. AG.

Le nº 1147 doit rentrer dans ce mode de comput au moyen d'une correction. La date est ainsi conçue : *Die veneris, id. februarii, anno V regnante Loterio regis.* Vendredi aux ides de février, ou 13 février, répond à D. Or, 957 et 963 ont D, mais aucune de ces années n'est la 5ᵉ du règne. Il y a donc ici

---

1. Voir aussi le nº 1717 des *Chartes de Cluny.*

une erreur dans l'année du règne. En supposant que le scribe a lu V pour X, nous arriverons en effet à 963 qui est la X⁰ année, si l'on compte depuis le commencement de 954.

En vain le cartulaire nous offre en variante *V feria, idus*, le jeudi jour des ides convient à 962 ou 968, année bissextile; mais ni l'une ni l'autre de ces années n'est la 5ᵉ de Lothaire. La pièce sera donc datée ainsi : 963 (?), 13 février.

Les nᵒˢ 1150 et 1151 (B. N. cop. 9-209 et 210) portent la même date : *Die dominico, in mense calendes marcio, annos X rennante Lototerio* ou *Lotterio rege*. Dimanche 1ᵉʳ mars répond à D. Or, 963 a D. 963, 1ᵉʳ mars.

Nᵒ 1278. (B. N. cop. 10-188.) *Die martis, kalendas marcias, annos XVII rennante Lotario regis*. Mardi 1ᵉʳ mars répond à B. Or, 970 a B. 970, 1ᵉʳ mars.

Nᵒ 1330. (B. N. cop. 11-87.) *Diæ jovis, VIII (corr. VIIII)*[1] *kalendas augusti, annos XX regnante Lotario regis*. Jeudi 9 des calendes d'août ou 24 juillet répond à E. Or, 973 a E. 973, 24 juillet.

Nᵒ 1444. (A. m. 710.) III *feria, pridie idus februarii, anno XXV regnante Lothario rege*. Mardi veille des ides ou 12 février répond à F. Or, 978 a F. 978, 12 février.

Nᵒ 1491. (B. N. cop. 12-72.) *Sub die dominico, VI idus kal. agustas, annos XXVI regnante Loterio rege*. Comme les ides et les calendes ne peuvent se rencontrer ensemble, nous avons pensé qu'il fallait lire VI *die kal.*[2]. Or, le dimanche 6ᵉ jour des calendes d'août ou 27 juillet répond à E, qui est la lettre domin. de 979. La date est 979, 17 juillet.

Nᵒ 1559. (B. N. cop. 12-185.) *In die veneris, XIIII kalendas septembris, annos XXVIIII regnante Lotherio rege*. Vendredi 14 des calendes de septembre ou 19 août répond à B. Or, 981 a B. 981, 19 août.

Enfin le nᵒ 1717. (A. m. 228.) *Data mense octobrio, anno XXXII Lotharii regis*. Lothaire étant mort le 2 mars 986, il n'y a pas de mois d'octobre dans la 32ᵉ année comptée du 12 novembre 985, il faut donc supposer que l'on compte l'année

---

1. L. de Barive, après avoir écrit VIIII dans son préambule, a mis VIII dans le texte. Or, nous avons vérifié souvent par comparaison avec les originaux que le préambule est plus exact pour la date que le texte même de l'acte.

2. On ne peut pas appliquer ici la même règle qu'au nᵒ 53 ci-dessus, car on ne peut pas dédoubler la date en deux.

du règne depuis le commencement de 954, à moins qu'on ne préfère la faire remonter au 10 septembre 954.

4° *Du commencement de 955.*

Ce point de départ déjà connu est établi dans les chartes de Cluny qui suivent[1] :

N° 982. (B. N. cop. 8-151, 2°.) *Sub die martis,* II *nonas decembris, anno primo regnante Hlotario rege.* Mardi 2 des nones de décembre ou 4 décembre répond à G. Or, 955 a G. 955, 14 décembre.

N° 1067. (Or. 37.) C'est un diplôme de Lothaire dont voici les formules : *In nomine sanctæ et individuæ Trinitatis. Lotharius gratia Dei rex..... Datum nono kalendas decembris, regnante gloriosissimo Lothario rege anno V, indicione tercia.* Le 9 des calendes de décembre ou 23 novembre an 5 correspond à 958 dans le calcul ordinaire, Mais l'indiction 3ᵉ comptée à partir du mois de septembre (indiction Césaréenne) se rapportant à l'année 959, il nous a paru probable que les années sont comptées de 955, comme on en a de nombreux exemples pour les diplômes de Lothaire et nous avons, en conséquence, daté cet acte de 959 (?), 23 novembre.

N° 1327. (B. N. cop. 11-53.) *Die jovis,* XVIII *kalendas decembris, annos XVIII rennante Lotario rege.* Jeudi 18 des calendes de décembre ou 14 novembre répond à F. Or, 972 a GF. 972, 14 novembre.

N° 1537. (A. m. 183.) *Pridie kalendas decembris, die martis, anno XXVI regnante Lothario rege.* Mardi veille des calendes de décembre ou 30 novembre répond à C. Or, 980 a DC. 980, 30 novembre.

Ainsi, même en laissant de côté le n° 1067, qui présente quelque doute, voilà trois exemples qui prouvent clairement que dans les chartes comme dans les diplômes on a souvent daté le règne de Lothaire de l'année 955.

5° *Du 12 novembre 955.*

Les chartes suivantes sont datées d'un point de départ qui ne peut être antérieur au 12 novembre 955.

N° 1037. (B. N. cop. 9-20.) *Sub die dominico,* IIII *nonas*

---

[1]. Le point de départ de 955 se trouve employé dans les chartes de l'Auvergne et du Languedoc. Beaucoup de diplômes de Lothaire font aussi commencer son règne avec l'année 955.

octobris, anno II regnante Hlotharii regis. Dimanche 4 des nones d'octobre ou 4 octobre répond à D. Or, 957 a D pour lettre dominicale. 957, 4 octobre.

N° 1044. (B. N. cop. 8-69.) *Sub die lunis*, II *nonas januarii, anno III regnante Hlotharii regis*. Lundi 2 des nones de janvier ou 4 janvier répond à C. Or, 958 a C.

N° 1080. (B. N. cop. 9-33.) *Sub die martis*, III *kalendas marcii, anno V reg[n]ante Lotarii regis*. Mardi 3 des calendes de mars ou 28 février suppose A. Or 960, année bissextile, a pour lettres domin. AG.

N° 1100. (B. N. cop. 9-67.) Cet acte présente plusieurs difficultés. La première résulte de ce que l'acte est daté, en tête, du mercredi et, à la fin, du mardi : *Sub die mercoris* (à la fin *sub die martys*), *in mense januario*, XVII *kal. februarii, anno V reg. Hlotarii regis*. Si le mallus a eu lieu le mercredi, il n'est pas possible que le procès-verbal qui mentionne l'abandon fait dans cette assemblée soit du mardi. En second lieu, en adoptant pour date le mercredi 17 des calendes de février, ou 16 janvier, nous arrivons à l'année 961. Or, pour que le 16 janvier 961 fût dans la 5ᵉ année, il faudrait compter les années non du 12 novembre 955, ni du mois de juillet 956, comme nous l'avons proposé pag. 194 du tom. II des *Chartes de Cluny*, mais du 12 novembre 956. Or, ce mode de calcul ne se trouve dans nos actes qu'à partir de la 15ᵉ année de Lothaire. On pourrait cependant tout concilier en admettant qu'il faut lire *anno VI*, car le 16 janvier 961 se trouve dans la 6ᵉ année comptée depuis le 12 novembre 955.

N° 1108. (B. N. cop. 9-38.) *Sub die sabbati*, IIII *idus ag. anno VI Hlotharii regis*. Samedi 4 des ides d'août ou 10 août répond à F. Or, 961 a F. 961, 10 août[1].

Des cinq chartes qui précèdent, quatre ont été écrites par le même scribe *Berardus*; la 5ᵉ (n° 1080) l'a été par *Rodoardus, ad vicem Berardi*. Il est donc naturel qu'elles suivent toutes le même système chronologique.

Nous n'en trouvons plus d'exemple entre l'an 6 et l'an 16 de Lothaire; alors d'autres scribes semblent avoir remis en usage ce calcul momentanément abandonné. C'est ce que prouvent les actes suivants :

---

1. Nous avons imprimé que le 10 août 961 se trouve dans la 6ᵉ année du règne, si l'on compte depuis 956; il suffit de compter du 12 novembre 955.

Nº 1294. (B. N. cop. 11-11.) *Die dominico, carto nonas apreliis, annos XVI rennante Lotario rege.* Dimanche 4 des nones d'avril ou 2 avril répond à A, qui est la lettre dominicale de 971.

Nº 1468. (B. N. cop. 9-139, etc.) La date de cet acte se trouve dans la copie 12-68 qui est le contre-échange. La voici : *Die mercoris pridie idus febroarii scripsi, annos XXIIII annis regnante Lotario rege.* Mercredi veille des ides ou 12 février répond à E. Or, 979 a E pour lettre domin. 979, 12 février[1].

Nº 1478. (B. N. cop. 12-70.) *Feria v, viii kal. maii, anno XXIIII regnante Lotario rege feliciter.* Jeudi 8 des calendes de mai ou 24 avril répond à E, qui est la lettre domin. de 979[2].

6º *Du 12 novembre 956.*

Ce point de départ paraît n'avoir été employé qu'assez tard et peut-être exclusivement dans le Mâconnais. On n'en trouve du moins des exemples que de l'an 15 à l'an 20 de Lothaire. En voici cinq :

Nº 1297. (B. N. cop. 11-15, 2º.) *Data mense aprili, mensis ejusdem iii ebdomade feria v, apud Cluniacum monasterium, a Rodulfo levita, anno Dominicæ incarnationis DCCCC^{mo} LXX^{mo} I^{mo}, indictione XIII^{ma}, anno autem imperii Hlotharii regis XV.* L'ère de l'Incarnation fixe cette date à l'année 971, 20 avril, le jeudi de la 3ᵉ semaine; pour que le 20 avril 971 soit dans la 15ᵉ année, il faut que la 1ʳᵉ année commence après le 20 avril 956. Nous verrons par les exemples suivants qu'il faut compter les années du 12 novembre 956, qui est l'anniversaire du couronnement de Lothaire. Il est vrai qu'en 971 l'indiction était la 14ᵉ et non la 13ᵉ.

Nº 1301. (B. N. cop. 11-18.) *Sub die jovis, iiii nonas mayi, anno XV regnante Lotario rege.* Jeudi 4 des nones de mai ou 4 mai répond à A. Or, 971 a pour lettre dominicale A. 971, 4 mai.

---

1. Il est inutile de faire partir le règne de 956; il suffit de compter du 12 novembre 955.

2. Même observation qu'à la charte précédente, pour le point de départ qui n'est pas 956.

N° 1314. (B. N. cop. 11-44.) *Die lunis, III kalendas mayo, annos XVI regnante Lotario rege.* Lundi 3 des calendes de mai ou 29 avril répond à F. Or, 972 a GF. 972, 29 avril.

N° 1326. (B. N. cop. 11-52.) Même année. *Sub die jovis, VII idus novembris, anno XVI regnante Hlothario regis.* Jeudi 7 des ides ou 7 novembre 972.

N° 1421. (A. m. 797.) *Die martis, VI nonas mai, anno XX Lotharii regis.* Mardi 6 des nones de mai ou 2 mai répond à A. Or, 976 a BA.

7° *Du commencement de* 957.

Il nous reste un seul acte qui ne rentre pas dans les calculs précédents et qui ne peut être daté qu'en supposant que l'on a compté les années de Lothaire depuis 957. Cet acte n'appartient pas à la Bourgogne, puisqu'il a été rédigé à la demande d'un prévôt de l'église du Puy et probablement dans cette ville. Voici la date : *Facta carta ista VI feria, VIII kalendas decembris, anno XX regnante Lothario rege.* Le vendredi 8 des calendes de décembre ou 24 novembre répond à A. Or, aux environs de la 20ᵉ année de Lothaire, il n'y a que 971 et 976 qui puissent convenir aux notes chronologiques de notre acte ; mais dans aucun calcul, 971 ne concorde avec la 20ᵉ année ; il reste 976 et pour que 976, 24 novembre, soit dans la 20ᵉ année de Lothaire, il faut commencer la 1ʳᵉ année après le 12 novembre 956, c'est-à-dire vraisemblablement au commencement de 957.

8° *De* 951.

Nous n'avons qu'une seule charte datée du règne de Lothaire, pendant la vie de son père Louis d'Outremer. C'est un acte donné en Auvergne, n° 825 (A. a. 20.) *Actum apud Oydeldis*[1] *publice. Boso scripsit, datavit mense junio, anno incarnationis Dominice DCCCCLII, indictione III, regni autem Hlotharii regis anno I.* 952, juin. Cet acte paraît se rapporter à un couronnement de Lothaire qui aurait été associé au gouvernement par Louis d'Outremer, son père, lorsque celui-ci tomba dangereusement malade en Auvergne, vers la fin de 951, au rapport

---

1. On croit que c'est Huillaux, commune du Donjon, département de l'Allier ; plusieurs actes de Cluny le placent sur les confins des diocèses de Lyon, d'Autun et de Clermont.

de Richer[1]. Ce calcul se rencontre quelquefois et est signalé dans l'*Art de vérifier les dates*.

Nous pouvons rattacher aussi à ce point de départ exceptionnel deux autres chartes :

N° 1291. (B. N. cop. 11-109.) *Feria septima*, xviii (lisez xviiii) *kalendas februarii, anno XX regnante Lothario rege*. Samedi 19 des calendes de février ou 14 janvier répond à A. Or, 971 a pour lettre domin. A ; et pour que le 14 janvier 971 soit dans la 20° année, il faut et il suffit que la 1re année concoure avec la fin de 971[2], par exemple au mois d'octobre. Or, la maladie de Louis d'Outremer, qui donna lieu à l'association au trône de son fils Lothaire, eut lieu, d'après Richer, à la fin de l'automne. Ce point de départ, abandonné pendant longtemps, aura été repris par un scribe érudit, si toutefois la date de l'acte a été fidèlement reproduite.

N° 1444 *bis*. (A. m. 47.) *Data per manum Rothardi, anno XXVIII Hlotharii regis*. Dans cette charte qui doit être antérieure au 22 février 978, date de la mort du comte Lambert de Chalon[3], il faut compter les années de 951, pour que la 28° année corresponde à 978. On en vient donc à admettre ici que les années partent du commencement de 951 ou que 951 compte pour une année entière.

9° *De 946*.

Les différents points de départ que nous avons examinés jusqu'ici ne suffisent pas encore à expliquer les dates de toutes les années de Lothaire. On trouve, en effet, dans les chartes de l'abbaye de Cluny une série de quarante-quatre actes datés de la 33° à la 40° année de ce roi. Or, dans le calcul ordinaire, le règne de Lothaire n'a que 32 ans, et dans le calcul qui remonte

---

1. *Richerii historiarum* lib. II, cap. XCIX.

2. Nous avons proposé dans notre tome II, p. 368, de dater cet acte de 952 ; il suffit de prendre pour point de départ la fin de 951.

3. Le cartulaire de Paray fixe la mort du comte Lambert à 988. « *Anno ab incar. dom. DCCCCLXXXVIII decessit de mundo isdem egregius comes [Lambertus] octavo kalendas marcii*. Cartul. de Paray, ch. 4. Les auteurs de l'*Art de vérifier les dates* pensent qu'il y a une erreur et qu'il faut lire DCCCCLXXVIII (978). Nous partageons cet avis, d'autant que nous avons une charte de Cluny, n° 1474, qui nous montre Adélaïde, veuve de Lambert, déjà remariée en 979, si l'on admet que la 34° année de Lothaire correspond à 979. (Voir ci-dessous le point de départ de 946.)

le plus loin, soit celui de 951, le règne n'aurait encore que 36 ans ; mais on sait que ce comput a été fort peu suivi, nous en avons à peine trouvé trois exemples. C'est en vain que les membres du Cabinet des chartes, auxquels L. de Barive envoyait les copies qu'il recueillait dans les archives de Cluny, et qui les examinaient successivement, ont proposé de commencer le règne en 951, point de départ qui ne s'applique pas à toutes les années, comme nous venons de l'indiquer ; on les voit obligés de reculer successivement le point de départ en 950 et 948[1]. Car si l'an 950 convient pour la 36ᵉ année, en admettant qu'elle se rapporte à l'année 986, il ne convient plus pour la 38ᵉ année. C'est alors que Bréquigny, l'un des plus savants membres de ce comité, proposa pour point initial des années de Lothaire l'an 948[2]. « Cette époque, dit-il, convient fort pour cet événement, c'est l'année où Louis d'Outremer se rendit au concile d'Ingelheim avec Othon, roi de Germanie, et y porta ses plaintes contre Hugues le Grand. C'était une circonstance où, pour assurer à son fils une couronne qu'il avait bien de la peine à défendre, il devait se porter à le faire reconnaître pour roi. » Mais ce système ingénieux est bientôt renversé par l'annonce d'une charte de la 40ᵉ année de Lothaire, car pour trouver 40 ans de règne en 986, il faut nécessairement remonter jusqu'en 946. C'est ce que proposa un membre dont il a été question ci-dessus à propos de l'an 950[3]. « Il faut remarquer, dit-il, que la date de 946 fixerait l'association de ce prince au trône par le roi Louis d'Outremer, son père, à l'an 946, où Lothaire, né en 941, n'avait que 5 ans. Aurait-on reconnu pour roi en Bourgogne le jeune Lothaire, encore enfant, dans le temps que le roi Louis d'Outremer était tenu prisonnier par le comte Thibaut ? » L'auteur de cette note renvoie à la chronique de Frodoard. On y lit en effet que, en cette année 946, Louis était retenu en prison par Thibaud le Tricheur, comte de Chartres, et qu'il ne fut délivré et rétabli sur le trône par Hugues, duc de France, aidé de Hugues le Noir, fils de Richard, qu'en échange de la reddition du château de Laon que la reine Gerberge

---

1. Ces renseignements sont tirés des notes jointes aux copies de L. de Barive, à la Bibliothèque nationale. Moreau, tome XIII, notamment f° 157.
2. Bibl. nat. Moreau, chartes et diplômes, tome XIII, f° 151.
3. Ibidem, t. XIII, p. 157. Nous n'avons pu découvrir encore le nom de l'auteur de cette note, qui est certainement un Bénédictin.

consentit à rendre à Thibaud[1]. Est-il trop téméraire d'adopter ce point de départ ainsi présenté et appuyé? Nous ne le pensons pas, et après un long examen, nous l'avons admis et appliqué à nos chartes, car c'est le seul qui permette de rendre compte de toutes les années de Lothaire[2].

On peut objecter, il est vrai, que dans ces quarante chartes il n'y en a pas une seule qui ait date certaine établie par des notes chronologiques ou par l'année de l'Incarnation, mais quoiqu'on ne puisse pas faire la preuve pour chaque charte, cela n'empêche pas que notre système donne pour l'ensemble l'explication la plus plausible de ces années qui dépassent le calcul ordinaire de celles du règne de Lothaire.

On peut trouver aussi que cette manière de compter jette une certaine confusion dans l'esprit lorsque l'on examine de suite les chartes de Cluny des années 978 et suivantes; on est en effet étonné au premier abord, après avoir rencontré la 33ᵉ année de Lothaire (nᵒˢ 1452-1453), de retrouver la 25ᵉ (nᵒˢ 1454-1455), et après l'an 34 (nᵒ 1503) l'an 26 (nᵒ 1504). Mais cela n'est pas plus extraordinaire que de compter an 24 (nᵒˢ 1468 et 1478) après l'an 25 (nᵒˢ 1454 et 1455). Car il est certain que l'on a employé concurremment plusieurs manières de compter les années de Lothaire, et si le mélange des computs de 946 et de 954 frappe davantage, c'est parce que l'écart est plus considérable entre les deux points de départ initiaux. Quant à la date, toutes les chartes dont nous nous occupons ici sont comprises entre les années 978 et 985. Si maintenant l'on étudie les noms des scribes qui ont employé ce mode de dater, il ne paraît point particulier aux personnes, car plusieurs scribes différents l'ont suivi[3]; mais il semble spécial à une région voisine de Cluny, et qui comprend, outre cette ville, Jalogny au sud, et Besornay, commune de Saint-Vincent-des-Prés, à l'ouest[4]. Il est certain que nous ne

---

1. Pertz, *Monum. Germ. Scriptores*, III, 393, l. 18. *Rec. des historiens de France*, t. VIII, p. 200.
2. Ce système a été développé par M. A. Bernard dans sa brochure intitulée : *Les derniers Carolingiens*. Lyon, 1867, in-8°, 16 pages.
3. Voici les noms des scribes qui ont employé ce mode de calcul concurremment avec celui de 954 : Joslenus, Vuarnerius, Aldebaldus, Atto, Udalricus, Constancius, Rothardus, Teutbaldus, Ingelbertus, Achedeus, Eiminus, Rotdulfus.
4. Une de ces chartes est datée *Rodorterio castro*, Riotiers, dans l'Ain, près Trévoux (nᵒ 1456). Elle est relative à des biens situés dans le Lyonnais, donnés

l'avons rencontré dans les chartes d'aucune autre région, même de la Bourgogne.

Ceci étant établi, voici le relevé des chartes qu'il convient de dater de 946. Nous indiquons la date du lieu, lorsqu'elle se trouve exprimée dans la charte :

N° 1447. (B. N. cop. 13-144.) *Actum Cluniaco..... Data mense junio, per manum Josleni, qui rogatus vice cancellarii scripsit, regn. rege Hlothario anno XXXIII.* 978, juin.

N° 1448. (B. N. cop. 13-145.) *Actum Galoniaco..... Data per manum Josleni, in mense julio, regn. rege Lothario anno XXXIII.* 978, juillet.

N° 1449. (A. m. 339.) *Actum Cluniaco..... Scrip. Joslenus in mense julio, anno XXXIII regn. rege Lothario.* 978, juillet.

N° 1452. (B. N. cop. 13-40.) *Actum Cluniaco..... Data mense octobri, anno XXXIII Hlotharii regis. Vuarnerius rogatus ad vicem cancellarii.* 978, octobre.

N° 1453. (B. N. cop. 13-152.) *Actum Cluniaco..... Data mense novembrio, regnante Lothario anno XXXIII. Vuarnerius scripsit.* 978, novembre.

N° 1456. (A. m. 32.) *Actum Rodorterio castro..... Aldebaldus scripsit regnante Lothario anno XXXIII.* 978.

N° 1457. (B. N. cop. 13-162.) *Actum Cluniaco..... regnante Lothario rege anno XXXIII. Aldebaldus levita scripsit.* 978.

N° 1467. (B. N. cop. 13-129.) *Actum Cluniaco..... Data mense januario, anno XXXIIII Lotharii regis. Vuarnerius rogatus scripsit.* 979, janvier.

N° 1469. (B. N. cop. 13-130.) *Actum Cluniaco..... Data mense februario, anno XXXIIII Hlotharii regis. Vuarnerius scripsit.* 979, février.

N° 1471. (B. N. cop. 13-132.) *Actum Cluniaco..... per manum Warii levitæ, mense febroario, anno XXXIIII Hlotharii regis.* 979, février.

à Cluny, 18 ans auparavant (n° 1218); une autre a été donnée à Beaumont, probablement Beaumont-sur-Grosne en Châlonnais (n° 1636), à peu de distance de Cluny. Ces deux exceptions ne détruisent pas l'assertion principale que ce mode de calcul a été employé dans les environs de Cluny, d'autant que le scribe qui a écrit l'acte de Riotiers en a rédigé un autre à Cluny (n° 1457).

N° 1472. (A. m. 277.) *Actum Cluniaco..... Data mense februario, anno XXXIIII regn. Lothario rege, Vuarnerius ad vicem cancellarii.* 979, février.

N° 1474. (Or. 53.) *Actum Cluniaco..... Data mense martio, anno XXXIIII Hlotharii regis. Vuarnerius ad vicem cancellarii.* 979, mars.

N° 1475. (B. N. cop. 13-89.) *Actum Cluniaco..... Data mense martio, anno XXXIIII Lotharii regis. Atto scripsit.* 979, mars.

N° 1476. (A. m. 376.) *Actum Cluniaco..... Data mense martio, anno XXXIIII Lotharii regis. Warnerius scripsit.* 979, mars.

N° 1477. (A. m. 720.) [*Sine loco.*] *Data mense martio, anno tricesimo IIII Lotharii regis. Udalricus, ad vicem cancellarii.* 979, mars.

N° 1479. (B. N. cop. 13-104.) *Actum Cluniaco..... Data mense aprelio, anno XXXIIII Hlothario regnante rege. Constancius, ad vicem cancellarii, scripsit.* 979, avril.

N° 1480. (A. m. 134.) [*Sine loco.*] *Data mense aprili, anno XXXIIII Lotharii regis Francorum. Rothardus scripsit.* 979, avril.

N° 1485. (B. N. cop. 13-93.) *Actum Cluniaco. Data mense maio, anno XXXIIII regnante Hlothario rege. Constancius scripsit.* 979, mai.

N° 1486. (B. N. cop. 13-143.) *Actum Cluniaco. Data mense maio, anno XXXIIII regnante Lotario rege. Constancius, ad vicem cancellarii.* 979, mai.

N° 1487. (A. m. 211.) *Actum Cluniaco..... Data mense maio, regnante Lothario rege anno XXXIIII. Constancius, ad vicem cancellarii, scripsit.* 979, mai.

N° 1488. (A. m. 238.) *Actum Cluniaco...... Data mense maio, anno XXXIIII regnante Lothario rege. Constancius, ad vicem cancellarii, recognovit.* 979, mai.

N° 1489. (A. m. 351 et B. N. cop. 13-131.) *Actum Cluniaco... Data mense maio, anno XXXIIII regnante Hlothario rege. Constancius, ad vicem cancellarii, scripsit,* 979, mai.

N° 1503. (B. N. cop. 13-138.) *Actum Cluniaco..... Data per manum Constantii, anno XXXIIII Hlotharii regis.* 979.

N° 1515. (B. N. cop. 13-110.) *Actum Cluniaco..... Data*

mense februario, anno XXXV Hlotharii regis. Rothardus ad vicem cancellarii scripsit. 980, février.

Nº 1518. (B. N. cop. 15-104 et A. m. 678.) *Actum Cluniaco...* [*Data mense martio, anno XXXV Lotharii regis. Constancius scripsit.*] 980, mars.

Nº 1519. (B. N. cop. 13-109.) [*Sine loco.*] *Data mense martio, anno XXXV Hlotharii regis. Rothardus rogatus scripsit.* 980, mars.

Nº 1520. (B. N. cop. 13-136.) *Actum Cluniaco. Data mense martio, anno XXXV Hlotharii regis. Vuarnerius scripsit.* 980, mars.

Nº 1541. (A. m. 347.) *Actum Besorniaco. Data per manum Rothardi, qui ad vicem cancellarii recognovit anno tricesimo quinto Lotharii regis.* 980.

Nº 1552. (B. N. cop. 13-137.) [*Sine loco.*] *Data mense marcio, anno XXXVI regnante Hlothario rege. Constancius, ad vicem cancellarii, recognovit.* 981, mars.

Nº 1554. (A. m. 414.) *Actum Cluniaco..... Data mense maio, per manum Warnerii levitæ, anno XXXVI Lotharii regis.* 981, mai.

Nº 1555. (A. m. 244.) *Actum Cluniaco..... Data mense maio, anno XXXVI Lotharii regis. Warnerius, ad vicem cancellarii, recognovit.* 981, mai.

Nº 1557. (B. N. Lat. n. a. 2154, nº 84.) *Actum Cluniaco.... Joslenus scripsit mense julio, regnante rege Lothario, anno XXXVI.* 981, juillet.

Nº 1562. (B. N. cop. 13-157.) [*Sine loco.*] *Regnante Lothario, anno XXXVI.* 981.

Nº 1563. (B. N. Lat. n. a. 2154, nº 55.) *Actum Cluniaco... per manum Aldebaldi, regnante Lothario anno XXXVI.* 981.

Nº 1564. (B. N. cop. 13-159.) *Actum Cluniaco... regnante Lothario anno XXXVI. Aldebaldus scripsit.* 981.

Nº 1565. (B. N. cop. 13-160.) *Actum Cluniaco... Regnante Lothario rege anno XXXVI.* 981.

Nº 1566. (A. m. 8.) *Actum Cluniaco... per manum Teutbaldi, regnante Lothario anno XXXVI.* 981.

Nº 1621. (B. N. cop. 12-178.) [*Sine loco.*] *Data mense augusto per manum Constancii, anno XXXVII regnante Hlothario rege.* 982, août.

N° 1635. (A. m. 100.) [*Sine loco.*] *Per manum Ingelberti, presbiteri, idus augusti, anno XXXVIII regnante Lothario rege*. 983, 13 août.

N° 1636. (B. N. cop. 13-151.) *Actum Bellomonte... Achedeius, ad vicem cancellarii, scripsit pridie idus octobris, anno XXXVIII regnante Lothario rege*. 983, 14 octobre.

N° 1706. (A. m. 812.) *Actum Cluniaco... Erminus presbiter scripsit* XVI *kal. januarii, anno XXXIX Lotharii regis*. 984, 17 décembre.

N° 1709. (A. m. 381.) [*Sine loco.*] *Per manum Rotdulfi presbiteri, feria* III *mense februario, regnante Lotario rege anno XL*. 885, février.

N°ˢ 1712-1714. (B. N. cop. 12-107 [1, 2, 3].) [*Sine loco.*] *Rodulfus scripsit, datavit in die mercoris, in mense aprilis, annos XL regnante Loterio rege*. 985, avril.

N° 1710. (B. N. cop. 9-207.) [*Sine loco*]. *Per manum Rodulfi, presbiteri... datavi die marcis, in mense februario, annos LX* (lisez *XL*) *regnante Lothario rege*[1]. 985, février.

XV. — Charles, fils de Louis d'Outremer, et frère puîné de Lothaire.

Charles, second fils de Louis d'Outremer et de la reine Gerberge, né en 953, ne figure point d'ordinaire parmi les rois de la dynastie carolingienne, quoiqu'il ait été vraisemblablement investi de la puissance royale sur une partie de la Bourgogne, mais il ne jouit pas longtemps du pouvoir qui lui avait été concédé, en ayant été dépouillé par Lothaire, son frère, dès la mort de leur père commum. Les conjectures émises à son sujet par M. A. Bernard, et que nous allons résumer, paraissent avoir acquis aujourd'hui la certitude, n'ayant point été contredites, à notre connaissance[2]. Mais à l'époque où il écrivait cette disser-

---

1. Il y a évidemment ici une erreur de chiffre. Lothaire n'a vécu que 45 ans, et nous avons, comme on l'a vu, plusieurs actes de la 40ᵉ année de ce roi, rédigés par le même scribe *Rodulfus*.

2. La brochure de M. A. Bernard est intitulée : *Un roi inconnu de la race carlovingienne*. Elle a paru dans le XXIIIᵉ volume des Mémoires de la Société des Antiquaires de France et a été aussi publiée à part. Paris, Lahure, 1857, in-8° de 13 pages. Les mêmes conclusions ont été développées dans une autre brochure du même auteur indiquée ci-dessus : *Les derniers Carlovingiens*, 1867.

tation, M. Bernard n'avait pas encore examiné toutes les chartes de Cluny ; tout en résumant son travail, nous aurons occasion de le compléter et de préciser la solution de ce problème historique.

Les chartes relatives à Charles, fils de Louis d'Outremer, sont au nombre de deux ; la première est une donation faite par un nommé Engelard à sa femme Neutelt.

N° 857. (B. N. cop. 3-109.) La date est ainsi conçue : *Ego Bernardus scripsit et datavit die jovis, in mense oytuber, anno primo regnante Carlo rege.* Nous avons daté cet acte de 953, 27 (?) octobre, car la date se trouve déterminée par celle de l'acte suivant qui est du 28 octobre 953. Les biens donnés se trouvant, en effet, partie en Mâconnais, partie en Lyonnais, le donateur crut devoir faire rédiger deux actes différents, dont l'un était placé sous l'invocation du souverain qui régnait dans la Bourgogne française, l'autre au nom de celui qui gouvernait la Bourgogne provençale, savoir Conrad le Pacifique (voy. n° 858).

Le second acte est ainsi daté : N° 875. (B. N. or. 29.) *Rotardus, levita et monacus, scripsit* VI *nonas marci, die jovis, Cluniaco publice, regnante Karolo rege.* 954, 2 mars. C'est une donation faite à Cluny par un certain Rodingus, d'une église de Notre-Dame et de ses dépendances dans la villa de Salencé, au lieu dit Verrières. Cette donation ayant été faite du temps de l'abbé Aimard, 942-954, le problème consistait à trouver un roi du nom de Charles pendant cette période. Or, il ne peut y en avoir d'autre que Charles, fils de Louis d'Outremer. M. Bernard concluait de là que Louis d'Outremer avait conféré à son second fils le titre de roi dans la portion de la Bourgogne qui ressortissait à sa couronne, c'est-à-dire dans le duché que les rois de France avaient repris aux successeurs de Boson.

Il appuyait cette conjecture sur les considérations suivantes :

1° L'empressement de Lothaire à recevoir le serment des seigneurs de Bourgogne aussitôt après la mort de son père, à l'instigation de Hugues le Blanc, qui craignait de perdre son influence comme duc, si l'on continuait à reconnaître un roi particulier de ce pays ; 2° l'existence de chartes de Cluny des premières années du règne de Lothaire, où le règne ne part que de 955, c'est-à-dire de l'époque où le jeune Charles dut être évincé de la couronne[1] ; 3° les conférences que Brunon, archevêque de Cologne,

---

1. Les chartes dont le point de départ est 956, et même 957, sont bien posté-

oncle de Lothaire et de Charles, eut à Compiègne en 959, avec la reine Gerberge, pour raccommoder ses neveux brouillés à l'occasion de certains châteaux dont Lothaire s'était saisi dans la Bourgogne, au rapport de Frodoard. Voilà la spoliation exercée contre Charles, qui probablement ne possédait que ces quelques châteaux ; 4° la précaution de Lothaire d'associer à sa couronne, en 978, son fils Louis, âgé seulement de dix ans, dans la crainte que Charles, créé duc de Lorraine l'année précédente par l'empereur Othon, ne formât quelque dessein contre lui [1].

Ces considérations et ces rapprochements paraissent établir la vraisemblance du fait allégué. D'ailleurs Lothaire put croire qu'il agissait dans la plénitude de son droit en dépouillant son jeune frère, car il avait été investi de la royauté, d'une manière absolue, avant la naissance de son frère Charles, soit à la fin de 951 lors de la maladie de Louis d'Outremer en Auvergne, soit en 948, à la suite du concile d'Ingelheim, où Louis avait porté ses plaintes contre Hugues le Grand, son persécuteur, et à la suite duquel il put songer à faire reconnaître son fils pour roi ; soit même dès 946, comme cela résulte non pas seulement d'un acte de l'an 40 du règne de Lothaire, acte que M. Bernard avoue n'avoir pu retrouver, mais de quarante chartes que nous avons pu dater de 946, et parmi elles de trois de la 40ᵉ année de Lothaire, qui avait incontestablement une priorité d'âge et de royauté sur son frère Charles.

C'est donc à tort que les Bénédictins, auteurs de l'*Art de vérifier les dates*, ont écrit que Charles, fils de Louis d'Outremer, n'a pas régné « tant à cause de son bas âge que parce qu'il ne restait plus alors au roi de France aucune ville en propre que Reims et Laon [2]. » Dans leur 3ᵉ édition, à l'article de Lothaire, ils ajoutent : « Charles, son frère, contre l'usage, n'eut, comme on l'a dit, aucune part dans le royaume, et dès lors commença à s'établir la loi qui adjuge la couronne à un seul prince du sang royal [3]. » Ce n'est point à cause de son bas âge ni parce que le roi Louis d'Outremer n'avait plus que deux villes en propre que Charles n'eut point sa part dans l'héritage paternel, c'est parce

---

rieures à celles-ci, et l'on ne peut faire, à leur endroit, le même raisonnement.
1. Voir les brochures de M. Bernard, citées ci-dessus.
2. *Art de vérifier les dates*, 2ᵉ édit., p. 542.
3. *Art de vérifier les dates*, 3ᵉ édit., t. I, p. 564.

que peu de temps après la mort accidentelle de leur père, Lothaire dépouilla son jeune frère de la part qui lui avait été assignée. Ce résultat nous paraît désormais acquis et clairement démontré par l'examen des chartes de l'abbaye de Cluny.

XVI. — Louis V, fils de Lothaire.

Louis V succéda à Lothaire, son père, le 2 mars 986. Ce dernier prince de la race carolingienne mourut sans enfants le 21 mai 987, dans la 2e année de son règne. Nous avons cinq chartes qui font mention de ce prince et qui sont toutes datées de l'an 1er de son gouvernement.

Louis semble n'avoir pas été reconnu de suite en Bourgogne, si l'on s'en rapporte au n° 1720, qui est daté du mois d'avril, l'an 1er après la mort du roi Lothaire. Mais l'acte suivant, qui est de la même date, montre que la reconnaissance dut avoir lieu précisément à cette époque.

N° 1721. (B. N. cop. 13-140 ; A. m. 212.) *Mense aprili, anno primo regnante Hluduvico rege.* 986, avril.

N° 1722. (B. N. cop. 13-146 ; A. o. 46.) *Die martis, tercio nonas augusti scripsi, anno primo regnante Luduvico rege.* La date de cet acte, 986, 3 août, est certaine. En effet, le mardi 3 août répond à la lettre domin. C. qui est celle de 986.

N° 1724. (B. N. cop. 13-154 et 155 ; A. b. 127.) *Regnante Ludovico, anno primo regni ejus.* 986, 2 mars-987, 1er mars.

N° 1725. (B. N. cop. 13-170 ; A. b. 102.) *Regnante Ludovico anno primo.* 986, 2 mars à 987, 1er mars.

N° 1727. (B. N. cop. 13-165 ; A. m. 712.) *Die veneris, mense febroario, anno primo regnante Ludovico rege.* 987, février.

Nous avons examiné ci-dessus la difficulté qui résulte de la similitude de noms qui rend la confusion possible entre Louis d'Outremer, Louis l'Aveugle et Louis V, nous n'y reviendrons pas ici. En laissant de côté le n° 1722, dont la date est bien certaine, nous ferons remarquer que, pour les autres, les synchronismes et la distance des temps facilitent la distinction entre le dernier des Carolingiens et ses devanciers ; enfin, tandis que les formes du nom de Louis IV sont excessivement variées[1], celles

---

1. Voir ci-dessus, page 28.

du nom de Louis V se réduisent à trois : *Luduvicus*, *Ludovicus* et *Hluduvicus*, cette dernière même ne se rencontre qu'une seule fois.

DEUXIÈME PARTIE.

Rois de Bourgogne.

Les possessions de l'abbaye de Cluny s'étendaient, au xe siècle, non seulement sur la Bourgogne, mais encore sur les provinces voisines, telles que le Lyonnais et le Viennois, provinces soustraites depuis longtemps à l'autorité du roi de France ; c'est ce qui explique pourquoi nous avons à nous occuper ici des rois de Bourgogne. Il y a plus, les chartes de l'abbaye de Cluny, conservées en si grand nombre, sont la source la plus importante pour l'histoire diplomatique de ces souverains de l'Est de la France, comme on va le voir. On distingue souvent ces princes en deux familles : les *Bosonides* ou Boson et ses descendants, et les *Hugonides* ou Hugues, comte de Provence, et ses successeurs[1].

Quelques mots sont ici nécessaires pour rappeler l'histoire du royaume de Provence. Il remonte à l'année 855, où Lothaire, fils de Louis le Débonnaire, partagea, quelques jours avant sa mort, ses États entre ses trois fils. Il donna à Louis, l'aîné, le titre d'empereur, avec le royaume d'Italie ; à Lothaire, son second fils, le royaume d'Austrasie, qui fut depuis appelé Lorraine ; Charles, le troisième, eut la Provence proprement dite, c'est-à-dire les pays renfermés entre la Durance, les Alpes, la Méditerranée et le Rhône, avec le duché de Lyon ; ces pays furent érigés en royaume en faveur du jeune prince. Charles régna environ 8 ans et mourut à Lyon en 863. De cette date jusqu'en 879, la Provence n'eut point de souverain particulier. Mais Charles le Chauve, qui s'était emparé de Vienne et qui avait partagé avec Louis le Germanique la Bourgogne jurane, se fit nommer empereur et roi d'Italie. Étant forcé de retourner en France, il cons-

---

1. Voir l'ouvrage de M. de Gingins la Sarra, intitulé : *Mémoire pour servir à l'histoire des royaumes de Provence et de Bourgogne jurane. Les Bosonides et les Hugonides*. Lausanne, 1851-53, in-8°. Ce travail a paru d'abord dans l'*Archiv für schweizerische Geschichte*. Tomes VII, VIII et IX.

titua Boson, son beau-frère, qu'il avait déjà fait duc de Vienne, vice-roi de Lombardie. A ces provinces il ajouta la Provence, en sorte que Boson eut à gouverner un vaste territoire [1].

Charles le Chauve étant mort le 6 octobre 877, Louis le Bègue, son fils, lui succéda, mais il mourut deux ans après, le 10 avril 879, laissant deux fils, Louis et Carloman, dont la légitimité était contestée. Profitant de ces circonstances, Boson, fils de Bavin, comte d'Ardenne, frère de Richard, duc de Bourgogne, beau-frère de l'empereur Charles le Chauve par Richilde sa sœur, et par Ermengarde, deuxième femme de Boson [2], se fit proclamer roi de Bourgogne (dans laquelle était comprise la Provence) par le célèbre synode de Mantaille en Viennois, le 15 octobre 879 [3].

I. — BOSON.

Nous avons trois chartes datées du règne de ce prince; la première a été donnée en Viennois la première année de son règne. N° 23. (B. N. Or. 2.) *Die mercoris, in mense madio, in anno primo regnante Bosoni rege.* 880 (?), mai.

La seconde est relative à des biens situés en Lyonnais; nous l'avons déjà citée ci-dessus à propos de Louis et Carloman, car elle témoigne de la lutte engagée entre Boson et les fils de Louis le Bègue. N° 24. (B. N. cop. 2-201.) *Die sabato, in mense jugnnio, in anno secundo Bosoni, rege de Borgundia et in primo anno, quando Ludowicus et Karlamannus Borgundia possidere venerunt, post obito genitore illorum Ludovico, filio Karlo qui imperavit.* 881, juin.

Après cette allusion à la campagne de Louis et Carloman en Bourgogne, nous avons encore une charte datée de la 3° année du règne de Boson; elle concerne des biens situés dans le Viennois.

---

1. D'après un passage de Réginon, cité par M. de Terrebasse, Charles le Chauve aurait donné alors à Boson le titre de roi, mais celui-ci se contenta du titre de duc pendant la vie de Charles et celle de Louis le Bègue. Terrebasse, *Histoire de Boson*, pag. 56-57.

2. Réginon, abbé de Prüm, cité dans Terrebasse, pag. 55-56. Suivant l'*Art de vérifier les dates*, Hermengarde serait fille de l'empereur Louis II (Art. de Boson, second roi de Provence).

3. Voir Terrebasse, *Œuvres posthumes. Histoire de Boson et de ses successeurs.* Vienne, 1875. In-8°.

N° 26. (B. N. fonds lat. 17715, n° 49.) *Die martis, in mense junio, in anno tercio, regnante Bosone rege post obitum Luduvico, filio Carlo imperatore.* 882, juin.

Les quatre chartes qu'il nous reste à examiner sont datées des années qui suivirent la mort de Boson, qui arriva le 22 janvier 887, alors que son fils n'avait encore que sept ans. Les trois dernières sont certainement et la première probablement aussi du Viennois.

N° 30. (B. N. cop. 3-34.) *Die sabato, in mense junio, anno primo post obitum Bosone et regnante Karolo imperatore.* 887, juin.

N° 37. (B. N. cop. 3-42.) *Die sabato, in mense aprilis, in anno secundo post obitum Bosoni regis.* 889, avril.

En 890, Louis, fils de Boson, fut couronné et reconnu roi de Provence ; toutefois il semble être resté encore sous la tutelle de sa mère, en sorte que son nom ne figurait pas toujours sur les actes, comme le prouvent les deux chartes suivantes :

N° 49. (B. N. cop. 3-81.) *Die sabato, in mense december, anno VI post obitum Bosoni regis.* 892, décembre.

N° 57. (B. N. cop. 3-102.) *Die veneris, in mense madio, in anno VIII post obitum Bosoni regis.* 895, mai.

C'est un fait digne de remarque que cinq années après la mort de Boson, on datait encore à Vienne, où cet acte a été passé, par les années de ce prince, et cependant nous allons voir que, dès 891, on a des chartes datées du règne de Louis l'Aveugle.

II. — Louis l'Aveugle, roi.

Ce prince n'étant âgé que de sept ans ou même de cinq ans [1] à la mort de son père, en 887, sa mère Hermengarde, fille de l'empereur Louis II, le conduisit auprès de l'empereur Charles le Gros, qui l'accueillit fort bien, et ayant obtenu, après la mort de ce prince, l'appui de l'empereur Arnoult et du pape Étienne, elle ramena son fils en Bourgogne et le fit couronner au concile de Valence, en 890 [2].

Nous avons cinq chartes datées des années du règne de Louis

---

1. C'est l'opinion soutenue par M. de Terrebasse, qui induit du silence des historiens à l'égard de ce prince en 882 qu'il est né après cette époque. *Op. cit.*, p. 149 et 150.

2. De Terrebasse. *Ibidem*, pag. 151-172.

l'Aveugle en Bourgogne, toutes relatives au Viennois, pays sur lequel Louis d'Outremer n'avait aucune puissance, et qui, par conséquent, ne peuvent être attribuées à ce prince [1]. Nous avons fait partir les années du mois de septembre 890, date du couronnement de Louis à Valence [2].

N° 42. (B. N. 17715, n° 50.) *Die veneris in mense genuario, anno primo, quo Ludovicus benedictus fuit ad regem.* 891, janvier.

N° 45. (B. N. 17715, n° 2.) *Die martis, in mense agusto, in anno primo regnante Ludvici regis.* 891, août.

N° 46. (B. N. cop. 6-71.) *Die sabato, in mense marcio, anno II regnante Lodovico rege.* 892, mars.

N° 48. (B. N. cop. 3-62.) *Die sabato, in mense madio, anno II regnante Ludovico rege.* 892, mai.

N° 59. (B. N. cop. 3-101.) III *nonas aprilis, anno VI regnante Hludovico inclito regum.* 896, 3 avril.

Louis se rendit en Lombardie l'an 900, et il fut proclamé roi d'Italie au mois d'octobre à Pavie [3]. De là, il revint à Vienne, où il donna un diplôme qui est daté de l'an de l'Incarnation 900, première année de son règne en Italie. En voici les formules : N° 70. (C. 129 et E. 154.) *In nomine sanctæ et individuæ Trinitatis. Ludwicus, gratia Dei rex... Actum est hoc preceptum apud Viennam civitatem, anno incarnationis Dominice DCCCC, indictione II, anno primo regnante Ludovico gloriosissimo rege.* 900, décembre.

Nous citerons tout de suite une charte qui nous a paru devoir être datée des années du règne de Louis en Italie. N° 282 (B. N. cop. 4-61): *Die mercori, pridie nonas aprilis, anno XXVIIII regnante Ludwico rege.* 927, 4 avril. Cet acte relatif au Viennois ne peut concerner que Louis, fils de Boson. Or, mercredi veille des nones ou 4 avril suppose la lettre domin. G. Mais la 29⁰ année depuis 890 donne 919, et depuis 900, 929. Dans aucune de ces deux années le 4 avril n'est tombé un mercredi. Ce cas ne se présentant qu'en 921 ou 927, nous avons adopté cette dernière année comme se rapprochant davantage de 929; d'ail-

---

1. Voir ci-dessus ce que nous avons dit sur ce point à propos de Louis d'Outremer.

2. De Gingins. *Bosonides*, dans *Archiv für schweizerische Geschichte*. T. VIII, p. 15 et 16.

3. Avant le 14 octobre, suivant M. de Terrebasse. *Op. cit.*, p. 207.

leurs 927 serait la 28ᵉ année depuis 900 et le scribe a pu écrire XXVIIII pour XXVIII.

Louis l'Aveugle, empereur.

Louis retourna l'année suivante en Italie, où il se fit couronner empereur à Rome le 12 février 901 [1]. C'est de cette date que partent les diplômes et les chartes qui font mention de lui depuis cette époque. Nous avons d'abord un diplôme donné à Vienne, avec l'année de l'Incarnation.

Nº 78 (d'après l'original) : *In nomine sanctæ et individuæ Trinitatis. Hludovicus gratia Dei imperator augustus... Dato III idus novembris, anno Domini DCCCCII, indictione V, anno II imperante domno Ludovico imperatore.* 902, 11 novembre.

Nous avons aussi plusieurs chartes datées des premières années de l'empire de Louis, fils de Boson. Nº 79 (B. N. cop. 3-157) : *Die sabato, in mense december, anno II regnante Ludovico gracia Dei imperatore.* 902, décembre.

Nº 83 (B. N. fonds latin 17715, nº 3) : *Die dominico, in mense febroario, in anno IIII quod Ludovicus in Longobardia imperator obvenit.* 904-905, février.

Nº 88 (B. N. cop. 3-184) : *Die martis, in mense jenoario, anno IIII regnante Lodovico imperatore.* 905, janvier. Cet acte est antérieur à la surprise de Louis par Bérenger.

La date du nº 83 fait allusion à la troisième expédition que fit Louis en Italie, et qui fut si malheureuse pour lui, puisqu'il fut saisi dans Vérone par son compétiteur Bérenger, le 21 juillet 905 ; le malheureux prince eut les yeux crevés et fut renvoyé dans son pays. C'est à cause de ce malheur qu'il reçut le surnom de Louis l'Aveugle. Malgré son infortune, Louis, revenu dans ses États de Bourgogne, conserva le titre d'empereur concurremment avec celui de roi, qui lui est donné dans les diplômes et les chartes. Nous en citerons quelques exemples, en commençant par les diplômes :

Nº 223 (C. 121) : *In nomine Domini Dei eterni ac Salvatoris nostri Jesu Christi. Ludovicus, gratia Dei imperator*

---

1. Le couronnement aurait eu lieu après le 12 de ce mois, suivant M. de Terrebasse. *Op. cit.*, p. 207.

augustus... Datum est hoc preceptum Vienne civitati, publice, anno ab incarnatione Domini DCCCCXX. In Christi nomine. Amen. 920.

N° 237. (C. 128, etc.) : *Gratia in unitate venerande Trinitatis. Ludwicus, gratia Dei imperator augustus... Actum Vienne publice, VIII kalendas januarii, anno vigesimo tercio Ludwici imperatoris augusti.* 923, 25 décembre.

N° 242. (B. N. Or. 9, etc.) : *Gracia inviolate venerande Trinitatis. Hludwicus, gratia Dei imperator augustus... Actum Vienne publice, anno Dominice incarnacionis DCCCCXXIIII, III nonas junii, imperii domni nostri Ludwuici anno XXIII.* 924, 3 juin. Louis l'Aveugle ayant été couronné le 12 février 901, le mois de juin 924 correspond à la 24e et non pas à la 23e année de son règne.

N° 245. (B. N. Or. 8) : *In nomine Dei eterni et Salvatoris nostri Jhesu Christi. Ludvicus, gratia Dei imperator augustus... Actum Vienne publice, anno ab incarnacione Domini nostri Jesu Christi DCCCCXXIIII, anno XXIII imperii Luduwici serenissimi augusti.* En faisant partir les années du 12 février 901, le diplôme doit être daté du 1er janvier au 11 février 924.

On voit par ces quatre exemples que Louis l'Aveugle, même dépossédé de l'empire, continua à se considérer comme revêtu de la dignité d'empereur et, en second lieu, qu'il datait ses diplômes de l'an de l'Incarnation.

Il faut mentionner encore ici deux diplômes, les nos 246 et 247, qui n'ont pas de date, mais qui sont incontestablement de Louis l'Aveugle, comme suffiraient à le prouver les monogrammes dont un se trouve reproduit sous le n° 6 de la planche des monogrammes[1]. Nous les datons de 924 environ. En voici les formules :

N° 246. (Or. 10) : *In nomine sanctæ et individuæ Trinitatis. Hludwicus, superno favente nutu, imperator augustus... Signum Ludwici serenissimi augusti. Uboldus, notharius, jubente domno imperatore, scripsi.*

N° 247. (C. 125) : *In nomine summi Dei eterni. Ludvicus, ipsius favente gratia, imperator augustus... Signum Ludvici, serenissimi augusti. Ubaldus notarius scripsit.* Dans

---

[1]. *Recueil des chartes de l'abbaye de Cluny.* Tome Ier, à la fin.

ce diplôme, Louis mentionne son cher fils Charles, connu dans l'histoire sous le nom de Charles Constantin.

Les scribes, dans les actes privés, conservèrent également à Louis le titre d'empereur ; c'est ce que prouvent les actes suivants :

N° 90 (B. N. cop. 3-208). C'est le seul acte, à notre connaissance, qui ait été passé à Mâcon au nom de Louis l'Aveugle, mais il est relatif à des propriétés sises en Lyonnais. La vente faite par Azo et sa femme à un nommé Étienne est suivie d'une notice de déguerpissement (*noticia seu wirpituria*) faite à Mâcon devant le comte Léotald et les *boni homines*, avec investiture donnée à l'acheteur, suivant la loi salique. Voici la date de l'acte : *Die sabbato, IIII nonas novembris, anno VII regnante Ludwico imperatore, filium Bosoni.* Il ne peut y avoir de doute sur l'identité de l'empereur Louis l'Aveugle, fils de Boson ; mais le samedi 4 des nones ou 2 novembre répondant à la lettre domin. F et à l'année 905, il doit y avoir erreur dans la date du règne, car le mois de novembre 905 se trouve non pas dans la 7e, mais dans la 5e année de Louis l'Aveugle.

Le n° 105 (B. N. cop. 3-238) est une charte de Provence, donnée à Avignon, avec la date de l'Incarnation et l'année de l'empire de Louis : *Actum Avenione civitate publice, anno Domini nostri Jesu Christi incarnationis DCCCCVIIII, indictione III[1], tercio nonas septembris, regnante Hludovico imperatore.* 909, 3 septembre.

Cet acte est le contrat de mariage de Foucher, de Valensolles, père de l'illustre abbé de Cluny, Maïeul, et bienfaiteur de l'abbaye que gouverna son fils.

N° 191. (B. N. cop. 4-20) : *Die lunis, tercio kalendas setimbres, in anno XII quot domnus Ludovicus est imperator.* Cette date certaine du lundi 3 des calendes de septembre ou 30 août tombe en 913, lettre domin. C. La 12e année correspondrait à 912, il faut donc lire *anno XIII.*

Le n° 211 garde le souvenir de l'élection de Louis comme empereur. (B. N. L. 17715, n° 6) : *Die dominico, in mense marcio, anno XVIII quod Ludovicus electus fuit ad imperatore.* 918, mars.

---

1. Lisez XII.

Voici enfin trois chartes dans lesquelles Louis reçoit le titre de roi :

N° 221 (B. N. 17715, n° 17) : *Die govis, in mense agusto, anno XX Ludwico rege.* 920, août.

N° 229 (B. N. cop. 4-101ᵃ) : *Die sabado, in mense agusto, annos XXII regnante Ludwico rege.* 922, août.

N° 230 (B. N. cop. 4-101ᵇ). Même date. Ces trois pièces, dont la première est relative au Lyonnais, les deux autres au Viennois, ne peuvent s'appliquer à Louis d'Outremer qui n'a pas eu plus de 19 ans de règne (dans le calcul ordinaire) et qui d'ailleurs n'avait aucune autorité dans ces provinces. Il faut en conclure que Louis l'Aveugle, depuis qu'il fut dépossédé de l'empire, est qualifié indifféremment roi ou empereur.

On ignore la date certaine de la mort de Louis l'Aveugle : on la place généralement, d'après l'*Art de vérifier les dates*, en 923 ou 924 ; les chartes qui vont suivre montrent que ce prince vivait encore en 924, 925 et même 928, et appuient l'opinion de Gingins la Sarra, qui fixe cette mort à l'année 928 [1].

N° 241 (B. N. cop. 283-6) : *Die sabato, in mense madio, annos XXIIII regnante Lodovico imperatore.* 924, mai [2].

N° 249 (B. N. cop. 4-130) : *Idus februarii, anno XXV imperii domini nostri Ludwici augusti.* 925, 13 février.

N° 358 (B. N. cop. 1-141). Ce contrat de mariage de Sobon et de sa femme Rihelt a été daté, dans les *Chartes et Diplômes*, du temps de Louis le Débonnaire ; mais il nous semble qu'il faut le rapporter à celui de Louis l'Aveugle, car nous voyons reparaître le même rédacteur et le même chancelier dans plusieurs actes de ce dernier règne [3] : *Ego Eldebertus, jubente Barnardo, qui isto dotalicio scripsi, datavi die sabato, in mense januario, annos XXVIII regnante Ludovico imperatore.* 928, janvier. Or, si l'on datait encore à cette époque du

---

1. D'après Gingins la Sarra, Louis l'Aveugle dut mourir entre le 26 août et le 12 novembre 928, car Charvet (*Histoire de l'église de Vienne*), cite 2 chartes de Saint-Maurice, datées du VII des calendes de septembre de la 28ᵉ année de l'empereur Louis, et d'autre part on a une charte de Hugues, roi d'Italie, du 12 novembre 928, qui est postérieure à la mort de Louis l'Aveugle. *Bosonides. Archiv*, t. VIII, p. 71-72.

2. C'est à tort que L. de Barive pensait qu'il s'agissait ici de Louis le Débonnaire. V. *Chartes de Cluny*, t. I, p. 232.

3. Notamment aux n°ˢ 241 (924, mai), 437 (935, mai), 439 (idem), etc.

règne de Louis l'Aveugle, c'est que sa mort doit être reportée au moins à l'année 928 [1].

III. — HUGUES ET LOTHAIRE.

Hugues, comte de Vienne et duc de Provence, avait été le conseiller intime de Louis l'Aveugle depuis les malheurs de ce prince, qui l'avait créé duc et marquis, après lui avoir confié le gouvernement de la Provence. Mais ce titre ne suffit pas à l'ambition de Hugues, qui parvint, grâce à l'appui du pape et des princes de l'Italie, à se faire couronner roi de ce pays à Pavie, le 9 juillet 926 [2]; il y resta environ deux ans, et, dès qu'il apprit la mort de Louis l'Aveugle, il revint en Bourgogne espérant s'emparer de cette province au détriment du jeune fils de son bienfaiteur, Charles-Constantin, qui portait le titre de comte de Vienne. Il y réussit, car il exerça l'autorité royale dans les États de Louis l'Aveugle et en Italie. Pour être mieux à même de gouverner ces provinces, il céda en 933 ses droits sur la Bourgogne cisjurane à Rodolphe II, déjà roi de la Bourgogne transjurane. Jamais Hugues n'est qualifié roi de la Bourgogne cisjurane. Nous avons un seul diplôme de ce prince, il est de la 8e année de son règne et fait mention également de celui de son fils, qu'il s'était associé en mai 931.

N° 417 (C. 60) : *In nomine Domini Dei œterni. Hugo et Lotharius, gratia Dei reges.* C'est la donation aux moines de Cluny des domaines de Savigneux et d'Ambérieux, dans le comté de Lyon. La date est ainsi conçue : *Data VIII idus martii, anno Dominicæ incarnationis DCCCXXXIIII, regni autem domni Hugonis piissimi regis VIII, item domni Lotharii regis III, indictione VI. Actum Papia, in Dei nomine feliciter. Amen.* Ce prince fut chassé d'Italie par Bérenger en 946; il revint alors en Provence, où il mourut le 24 avril 947, et avec lui s'éteignit le royaume de Provence.

IV. — RODOLPHE Ier, ROI DE BOURGOGNE TRANSJURANE.

Rodolphe Ier, fils de Conrad le jeune, comte d'Auxerre, puis de

---

1. Voici encore les nos de quelques actes qui sont datés de l'empire de Louis l'Aveugle : N° 91 (an VI), nos 99 et 101 (an VIII), n° 212 (an XVIII), et 218 (an XX).

2. De Terrebasse. *Op. cit.*, p. 256. Suivant l'*Art de vérifier les dates*, ce couronnement eut lieu à Milan.

la Bourgogne, se fit reconnaître comme roi de la Bourgogne transjurane, à Saint-Maurice en Valais, par les seigneurs et les évêques du pays, en 888. Nous avons un diplôme de la première année de son règne accompagnée de la date de l'Incarnation, par lequel il concède à sa sœur Adélaïde l'abbaye de Saint-Pierre de Romainmoutier, située dans le *comitatus Waldensis*, ou pays de Vaud :

N° 33. (C. 126, etc.) *Data. IIII idus junias, anno Christo propitio, Rodulfi piissimi regis primo, anno ab incarnatione Domini DCCCLXXXVIII, indictione VI. Actum Vabre villa feliciter. Amen.* 888, 10 juin. Il nous semble utile de joindre à la date les formules de cet acte : *In nomine sancte et individue Trinitatis. Roduls, divina favente clementia rex... Signum Rodulfi, piissimi regis. Berengarius notarius, ad vicem Theodorici archiepiscopi et cancellarii, recognovi.* L'*Art de vérifier les dates* place la mort de ce prince en 911 ou 912. Nous verrons, à propos de Rodolphe II, qu'il faut peut-être fixer cet événement à l'année 912.

V. — Rodolphe II, roi de Bourgogne transjurane et ensuite roi d'Arles.

Rodolphe II, fils du précédent, succéda à son père en 911 ou 912, suivant l'*Art de vérifier les dates ;* toutefois nous sommes porté à penser qu'il faut fixer la date de son avènement à l'année 912, d'après une charte de donation faite au couvent de Mouthiers-Haute-Pierre d'une église de Saint-André, située dans le *comitatus Warascorum*. N° 419. (B. N. cop. 5-137.) *Die sabati, VII idus junii, anno XXII regnante Rodulfo, filio Rodulfo rege.* Samedi 7 des ides ou 7 juin répond à E. Or 934 a E pour lettre domin. Mais pour que le 7 juin 934 soit dans la 22e année de Rodolphe, il faut que la première année commence au plus tôt le 8 juin 912. Donc, si la date de cette charte est exacte, Rodolphe II n'a succédé à son père qu'au mois de juin 912 et probablement celui-ci n'est mort qu'à cette époque.

Nous avons toutefois un acte remarquable dans lequel les années du règne sont comptées de 911 ; c'est un jugement rendu en présence du roi Rodolphe en faveur de la dame Bertagia, *in Cartris villa*.

N° 256. (B. N. cop. 4-147.) *Datavi die mercoris,* XV *kalendas*

februarii, anno XV regnante domno nostro Rodulfo rege.
Mercredi 15 des calendes de février ou 18 janvier répond à A, qui est la lettre domin. de 926. Or, pour que le mois de janvier 926 soit dans la 15ᵉ année, il faut que la première commence en 911. Il y a donc deux manières de compter les années de Rodolphe [1].

Rodolphe II fut proclamé roi d'Italie en 921, mais il perdit ce titre au bout de peu d'années par l'élection, en 926, de Hugues, roi de Provence, dont nous avons parlé ci-dessus. En 933 [2], Hugues transigea avec Rodolphe II, qui lui abandonna ses droits sur l'Italie, en échange de ceux que Hugues possédait sur la Bourgogne cisjurane ou provençale [3]. C'est ce qui donna naissance au royaume dit d'Arles. Nous avons une charte qui semble faire allusion à ce traité ; comme la date précise en est inconnue et qu'il peut aussi bien avoir été conclu vers la fin de l'année 933, nous avons fait partir les années de Rodolphe, roi du Viennois, du 1ᵉʳ janvier 934.

N° 437. (B. N. cop. 15-111.) *Die marcis, in mense madio, anno secundo regnante Radulfo rege Viennense.* 935, mai.
Ce titre de Rodolphe, roi de Vienne, semble ne pouvoir s'appliquer qu'à Rodolphe II, et c'est à tort que l'*Art de vérifier les dates* fait figurer Raoul de France à la date d'une donation dans le Viennois à cette époque [4].

---

1. Nous n'ignorons pas que la date de 912 pour la mort de Rodolphe Iᵉʳ est contestée par M. Th. Dufour, dans sa remarquable *Étude sur la diplomatique royale de Bourgogne jurane* (888-1032), publiée en 1873 dans la brochure intitulée : *Positions des thèses de l'École des chartes.* En admettant que son système fût absolument vrai, ce qu'il nous est difficile de décider, ne connaissant que le sommaire de son travail, il lui resterait à expliquer comment notre charte est datée incontestablement de 912 et non de 911.

2. Suivant la 3ᵉ édition de l'*Art de vérifier les dates*, et non pas en 930, comme le disait la 1ʳᵉ édition de ce savant ouvrage.

3. Cf. de Gingins. *Hugonides*, dans *Archiv für schweizerische Geschichte*, t. IX, p. 166-167.

4. Il est bien vrai qu'en 930, Charles Constantin, pour se maintenir dans la ville de Vienne, prêta serment de fidélité à Raoul de France, comme le rapporte Frodoard. (*Chron. ad ann.* 931.) Raoul, d'après le même chroniqueur, aurait occupé la ville de Vienne en 933 ou 934. Mais l'*Art de vérifier les dates* ne fait point mention d'une tentative de rapprochement entre les deux rois de France et de Bourgogne, que fit le roi Henri de Germanie. Les deux rois eurent une entrevue en 935, et il n'est pas trop téméraire de penser qu'ils firent alors une délimitation de leurs états respectifs. Quoi qu'il en soit, ce qui

Nous avons une autre charte de la même année : N° 439 (B. N. cop. 15-119.) *Die sabato, in mense octuber, anno secundo regnante Radulfo rege Viennense.* 935, octobre.

Nous avons cru devoir attribuer encore à Rodolphe II une charte de donation de l'abbé de Gigny (diocèse de Besançon) au monastère de Cluny. N° 425. (B. N. Or. 11.) XII *kalendas februarii, anno tercio regnante Radulfo rege.* 936, 21 janvier[1].

Enfin nous rattachons encore au souvenir de Rodolphe une charte ainsi datée et relative au Viennois. C'est une donation de Rihelt à son époux Ainon ; ces personnages figurent dans les chartes nos 437 et 439, datées des années de Rodolphe. C'est pourquoi nous pensons qu'il s'agit ici de l'interrègne qui eut lieu après la mort de Rodolphe, alors que sa veuve emmena le jeune Conrad, son fils, auprès d'Othon Ier, roi de Germanie. Voici la date de l'acte : N° 476. (B. N. cop. 6-6.) *Ego Eldebertus, jubente Barnardo, ... datavi die lunis in mense julio, Deum regnantem, regem espitantem.* 937, juillet.

VI. — Conrad le Pacifique, roi d'Arles.

Conrad, fils de Rodolphe II, succéda à son père en 937 et gouverna jusqu'en 993, année où il mourut à l'âge de 66 ans. Nous n'avons à nous occuper ici que de la partie de son règne qui s'étend de 937 à 987, date à laquelle s'arrête le 2e volume du *Recueil des chartes de l'abbaye de Cluny.*

Conrad, qui n'était âgé que de 8 ou 9 ans à la mort de son père, fut emmené en Allemagne par sa mère, auprès du roi de Germanie Othon Ier [2], et, après que celle-ci fut remariée avec Hugues, roi d'Italie, il resta sous la tutelle des grands de son royaume. Quelques auteurs pensent que le gouvernement fut confié, en attendant la majorité de Conrad, à Hugues II, fils de Hugues Ier, frère de Rodolphe II et cousin germain de Conrad [3].

est certain, c'est qu'en appliquant nos chartes à Raoul de France, on arriverait, pour les années 2 et 3, à 924-925 et 925-926, époque à laquelle le Viennois était sous la domination de Louis l'Aveugle et non sous celle du roi de France. Enfin ce titre de *Rex Viennensis* n'a jamais été, à notre connaissance, appliqué à Raoul de France.

1. Corriger en ce sens la date du n° 425 dans le t. Ier des *Chartes de Cluny* : 935 (?), 21 janvier.
2. *Art de vérifier les dates.* In-f°, t. II, p. 431.
3. A. Bernard. *Histoire territoriale du Lyonnais* dans *Recueil de Mémoires et*

Conrad, qui paraît avoir subi une sorte de captivité auprès du roi Othon, fut remis en liberté par lui en 942, suivant M. de Gingins. Ce retour est attesté par plusieurs chartes dans lesquelles on emploie les années de son règne [1].

N° 546. (B. N. cop. 6-180.) Donation du vicomte Ratburne et de sa femme Vualda au monastère de Cluny. *Die sabato, kalendis octobris, annos IIII regnante Gonrado rege.* 942, 1ᵉʳ octobre.

Au mois de septembre 943, le roi Conrad confirme la donation faite par Ingelbert au monastère de Cluny de certains biens que Charles-Constantin, son parent, avait enlevés à ce couvent.

Le 18 mars de la même année, Conrad donna un diplôme dans lequel il confirma à son chapelain Ermenthée la possession de la chapelle de Saint-Genès, sous les murs de la ville de Vienne. (N° 631.) Il s'occupait donc à cette époque des affaires de son royaume.

Nous avons à examiner maintenant quels sont les points de départ employés pour les actes de Conrad. On distingue habituellement entre les diplômes et les chartes privées. Dans les premiers, le point de départ est ordinairement le 11 juillet 937, quelquefois 940.

Dans les chartes privées datées du règne de ce prince, il y a un plus grand nombre de points de départ ; savoir : 937, 939, 940, 941, 942, 943, époques qui s'appuient sur des actes à date certaine et qui correspondent soit à la mort de son père, soit au retour de Conrad en Bourgogne et à son couronnement, soit à la reconnaissance de son pouvoir dans chacune des provinces de son royaume.

Enfin nous examinerons en terminant quelques dates exceptionnelles, savoir celles de la 70ᵉ année de son règne, qui ne peuvent être admises qu'avec correction [2].

1° *Du 11 juillet 937.*

La plupart des chartes et des diplômes de Conrad sont datés de

---

documents sur le Forez. 1873, p. 183-184. Cf. *Chartes de Cluny*, t. I, n° 656.

1. Ces chartes sont citées par D. Plancher. *Histoire de Bourgogne*, I, 200.
2. La question du point de départ des années de Conrad a été étudiée avec beaucoup de soin et de savoir par M. Th. Dufour, dans sa thèse pour l'École des chartes, thèse dont nous n'avons malheureusement que le sommaire. Il est

ce point de départ. Citons d'abord une charte de juillet 940-941. N° 523. (B. N. cop. 6-167, et A. a. 10.) *Ego Eldebertus, jubente Barnardo, qui ista donacione scripsi, datavi die veneris, in mense julio, annos IIII [regnante Conrado].* Le nom du roi est fourni par le texte du cartulaire A. C'est un des premiers actes rédigés au nom de Conrad, avant son retour dans ses États [1].

N° 622. C'est un diplôme que nous avons imprimé d'après la copie de M. de Rivaz, prise sur l'original et plus complète que le cartulaire, mutilé en cet endroit. En voici les formules : *In nomine Dei æterni. Chuonradus nutu omnipotentis Dei serenissimus rex... Ego Henricus, notarius, hoc judicium scripsi, datavi* v *k. aprilis* (alias *julii*), *anno VI regnante domno Chuonrado, piissimo rege.* 943, 28 mars.

N° 627. (B. N. Or. 19.) *In nomine sancte et individue Trinitatis. Chuonradus, divino munere largiente serenissimus rex... Einricus notarius, ad vicem Ainonis episcopi recognovi. Data* VIIII *kalendas maii, anno ab incarnatione Domini nostri J. C. DCCCCXLIII, anno sexto regnante domno Chuonrado rege filio Rodulfi.* Ce diplôme montre que le règne de Conrad remonte à la mort de son père, 11 juillet 937.

Le n° 628 (C. 54) est un autre diplôme du roi Conrad en faveur du monastère de Cluny, de la même date que le précédent et offrant les mêmes formules.

N° 631. (B. N. Or. 20.) Ce précepte du roi Conrad en faveur de son chapelain Ermenthée porte à peu près les mêmes formules que le précédent, mais la date d'année nous a paru devoir être corrigée. Elle est ainsi conçue : *Data* xv *kal. junii* (alias *julii*), *anno ab incarnatione Domini DCCCCXLIII, anno VIIII regnante domno Chuonrado piissimo rege, indictione III.* Or, depuis la mort de Rodolphe II jusqu'en mai ou juin 943, il ne peut y avoir que six ans ; il faut donc lire *anno VI*, comme dans les n°[s] précédents. L'indiction ne peut nous servir ici, car, en 943, c'était l'indiction 1re et non pas la 3e.

Le n° 734 (A. a. 31) est une charte de Burchard, archevêque

---

arrivé à peu près aux mêmes conclusions que nous. *Positions des thèses de l'École des chartes.* 1873, p. 21.

1. Cet acte suppose qu'Aimard, désigné dans l'acte, *domnus Hemardus, reverendus aba*, était déjà coadjuteur d'Odon, en 941. Les auteurs du *Gallia christiana* l'ont admis.

de Lyon, datée de l'année de l'Incarnation et qui offre cette circonstance remarquable qu'elle donne à Conrad le titre de roi du Jura : *Anno incarnationis dominice DCCCCXLVIIII, domno Brochardo, reverentissimo archipresule, sanctam Lugdunensem ecclesiam favorabiliter moderante... Data per manum Johannis, diaconi Sancti Stephani, in I feria mensis februarii, regnante Gonrado rege Jurense.* 949, février.

N° 1046. (B. N. cop. 9-149 *bis*.) La date de cet acte est ainsi conçue : *Pridie idus maias, die veneris, regnante vicesimo quinto anno Conrado rege feliciter.* La veille des ides de mai ou 14 mai ne peut tomber un vendredi que dans une année ayant pour lettre domin. C. Or, la 25ᵉ année de Conrad depuis 937 serait 962, et 962 a pour lettre domin. E. Les années les plus rapprochées qui peuvent convenir sont 958 et 969. Nous avons adopté 958, comme date la plus probable, en proposant de lire an 21 au lieu de an 25.

N° 1052. (C. 67.) La même année, Conrad confirme à l'abbaye de Cluny la possession du monastère de Saint-Amand, près Saint-Paul-Trois-Châteaux. Le diplôme se termine ainsi : *Heidolfus levita, ad vicem Keroldi, archicancellarii, recognovi. Data VII X (septimo-decimo) kalendas octobris, anno ab incarnatione Domini Jesu Christi DCCCCLVIII, anno XXI regnante Chuonrado rege.* La date revient à 958, 15 septembre. Il faut remarquer toutefois que l'année 958, au mois de septembre, correspond non pas à la 21ᵉ, mais à la 22ᵉ année de Conrad.

N° 1078. (A. m. 4.) Les formules de cet acte méritent d'être relevées. C'est une vente faite par des particuliers à l'archevêque de Lyon : *Die mercurii, in mense januario, tertio idus, anno ab incarnatione Domini nongentesimo sexagesimo, Gondrado rege anno XXV.* Le mercredi 11 janvier 960 correspond seulement à la 23ᵉ année de ce prince et non à la 25ᵉ année.

Nous avons encore une correction à faire dans la date suivante : N° 1112. (B. N. L. 17715, n° 24.) *Die mercoris, in mense octubri, x kalendas novinbris, annos XX regnante Gondrado rege.* Sous le règne de Conrad, le 23 octobre tomba un mercredi en 961, pour la première fois depuis l'avènement de l'abbé Maïeul mentionné dans cet acte. Or en 961, c'était non la 20ᵉ, mais la 25ᵉ année de Conrad.

Le n° 1152 (C. 64) est un diplôme dont voici les formules, qui rappellent beaucoup celles du n° 622 : *In nomine Dei æterni. Chunradus, nutu Dei rex... Eynricus, notarius, ad vicem Keraldi episcopi, recognovit. Data x kal. aprilis, anno XXVI regnante Chuonrado rege feliciter. Amen.* 963, 23 mars.

N° 1307. (B. N. Lat. n. a. 2154, n° 27.) *Datavi kalend. decembris, die veneris, vice cancellarii, anno XXX^{mo} V^o regnante Gohuntrado, serenissimo rege.* 971. 1er décembre. Vendredi 1er décembre a pour lettre dominicale A, qui est celle de 971.

N° 1411. (B. N. cop. 11-174.) *Sub die martis, VII idus [martias] anni XXXVIII regnante Gohuntrado rege.* 975, 9 mars. Dans la 38e année de Conrad, qui va du 11 juillet 974 au 10 juillet 975, le seul mardi qui tombe le 7 des ides est le 9 mars ; le scribe aura oublié de répéter le mot *mart.* ou *martii.*

Nous trouvons ensuite un acte qui est daté de l'Incarnation et qui fait remonter le règne de Conrad à 937. Le voici :

N° 1494. (B. N. Lat. n. a. 2154, n° 33.) *Die veneris, kalendis augustis, anno ab incarnatione Domini nostri Jesu Christi DCCCLXX^{mo} VIIII^{no}, indictione VII^a, regnante rege Chuonrado in Gallia.* 979, 1er août.

Tels sont les actes les plus dignes de remarque dans lesquels les années de Conrad sont comptées du 11 juillet 937 ; il y en a un grand nombre d'autres qui partent du même point de départ et que nous indiquons seulement par leurs numéros, car les dates qu'ils portent n'offrent point de difficultés[1].

---

1. Liste des actes datés des années du règne de Conrad, comptées à partir du 11 juillet 937.

An IV : n° 523. — An V : n° 538. — An VI : n°^{s} 621, 622, 624, 625, 627, 628, 631. — An VII : 654 *bis*, 656, 657, 659. — An VIII : 668-671. — An IX : 682, 686, 687. — An X : 692, 694. — An XII : 732-734, 739, 740. — An XIII : 752. — An XIV : 803. — An XV : 8 6, 822 *bis*. — An XVI : 835. — An XVII : 858 (corr.). — An XVIII : n°^{s} 991, 998. — An XX : 1005, 1006, 1008, 1009, 1013-1017, 1019, 1022, 1023, 1025, 1026. — An XXI : 1046 (corr.), 1047. — An XXII : 1052-1054, 1057. — An XXIII : 1068, 1071, 1076, 1077, 1078 (corr.), 1084. — An XXIV : 1089, 1093, 1094, 1097. — An XXV : 1112, 1115, 1116, 1120, 1122, 1125. — An XXVI : 1145, 1152. — An XXVII : 1159, 1160, 1165. — An XXVIII : 1181, 1185. — An XXIX : 1189, 1199, 1201. — An XXX : 1206, 1208, 1210, 1214, 1215, 1218, 1223-1227. — An XXXIII : 1263, 1267, 1271, 1272, 1281. — An XXXIV : 1293, 1299, 1300, 1303, 1304. — An XXXV : 1306-1308, 1319. — An XXXVI : 1320-1322. — An XXXVII : 1333, 1355, 1356. —

2° *Du commencement de* 939.

Nous avons quatre chartes qui doivent être datées du commencement de 939 :

N° 546. (B. N. cop. 6-180 ; A. a. 17.) *Die sabati, kalendis octubris, annos IIII regnante Gonrado rege.* Samedi, 1ᵉʳ oct. 942, lettre domin. B.

Le n° 1126 est un diplôme de la reine Berthe, mère du roi Conrad, portant donation à Cluny du monastère de Payerne (Guichenon, *Bibliotheca Sebusiana*, p. 1 ; D. Bouquet, tome IX, p. 667). *Data in die martis, kal. aprilis, anno XXIV regnante Conrado rege. Actum vero Lausona civitate.* Suivant la remarque de D. Bouquet, le mardi tombe le 1ᵉʳ jour d'avril 962. De là résulte qu'il faut prendre le point de départ du règne au commencement de 939.

N° 1127. (C. 56.) Diplôme de Conrad en faveur du monastère de Payerne : *In nomine sanctæ et individuæ Trinitatis. Chuonradus divino munere largiente piissimus rex... Einricus, ad vicem Keroldi, episcopi recognovit. Data* VI *idus aprilis, anno ab incarnatione Domini nostri Jhesu Christi DCCCCXXXVII, anno regnante domno nostro Chuonrado rege XXIIII. Actum civitate Lausona feliciter.* La date de 937 est erronée, puisque Conrad n'a commencé à régner au plus tôt qu'à cette époque ; la 24ᵉ année du règne nous reporterait à 961. Mais la date du jour de la semaine donnée par le texte de l'acte précédent, n° 1126, oblige à le dater de 962 (lettre domin. E). Donc le présent acte, qui est de la même année, doit être daté aussi de 962, preuve manifeste que les années de Conrad sont comptées ici de 939, ce qui concorde avec l'opinion exprimée déjà par D. Bouquet [1].

N° 1156. (B. N. cop. 9-213.) *Datavi die mercoris,* IIII° (lisez III°) *nones junii* [2]*, anno ab incarnatione Domini nogen-*

An XXXVIII : 1405, 1411. — An XXXXIX : 1419, 1423, 1424. — An XL : 1429, 1433, 1434, 1437. — An XLIX : 1718.

Il est encore quelques actes qui sont datés des années de l'Incarnation, sous le règne de Conrad, sans année précise du règne ; ce sont les n°ˢ 1494, 1500-1502 (de l'année 879), et le n° 1715, qui est de 985.

1. *Recueil des historiens*, t. IX, p. 667.
2. Nous lisons par correction 3 des nones, car le 4 des nones de juin 963 tombait un mardi.

tesimo sexagesimo tercio, regnante Gondrado anno XXV. Mercredi 3 des nones ou 3 juin répond à D, lettre domin. de 963. Pour que la 25ᵉ année de Conrad concoure avec l'an 963, il faut compter les années depuis 939. Ce point de départ est donc bien établi par les exemples qui précèdent.

3° *Du commencement de* 940.

Nous avons trois actes dont il faut certainement faire partir les années du commencement de 940.

N° 1220. (B. N. Lat. n. a. 2154, n° 29.) *Feria* VII, *nonas januarias, indicione* [X, *anno*] *XXVIII Gonrado rege regnante.* Samedi 5 janvier répond à F. Or 967 a F. La date est 5 janvier 967 en suppléant deux mots qui forment lacune au milieu de la date.

N° 1313. (B. N. L. 17715, n° 29.) *Die sabati, quinto calendes maius, annus XXXIII renante Gondrao rege.* Samedi 5 des calendes de mai ou 27 avril 972, lettre domin. F. Or 972 a GF.

N° 1716. (C. 69.) Le troisième acte que nous datons de ce point de départ est un diplôme de Conrad. *In nomine sanctæ et individuæ Trinitatis. Chuonradus, divina favente clementia, piissimus rex... Ego Painulfus, ad vicem Heidulfi cancellarii recognovi. Actum Aquis, anno XLVI regnante domno Chuonrado rege.* Ce diplôme d'immunité et de protection pour l'abbaye de Saint-Marcel de Félines doit être postérieur à la fondation de cette abbaye par le comte Lambert (de Valentinois) et sa femme. Or, la charte par laquelle ces personnages ont doté ce monastère est du 27 juin 985[1]; il faut donc que le diplôme de Conrad soit d'une date postérieure et, par suite, la 46ᵉ année du règne correspondant à 985 doit être comptée seulement de 940.

4° *Du commencement de* 941.

Une seule charte doit être datée de ce point de départ :

N° 1200. (A. m. 209.) *Die jovis,* VI *idus mai, anno XXVI regnante Ghunrado piissimo rege atque serenissimo.* Jeudi

---

1. N° 1715. Voici en quels termes le diplôme de Conrad rappelle la donation du comte Lambert : *Lantbertus comes cum uxore sua Faletrude adiens clementiam nostram, petiit ut cuidam loco nomine Fellinis, quem in honore Dei et sancti Marcelli et sua hereditate monastice subdidit religiositati.* N° 1716 (C. 69).

9 des ides ou 10 mai 966 répond à la lettre domin. G. Pour que le 10 mai 966 soit dans la 26ᵉ année, il faut compter depuis 941.

5° *Du commencement de 942.*

N° 869. (B. N. L. 17715, n° 18.) *Sub die veneris*, XIII *kalendas februarii, anno XIII regnante Condrado rege*. Vendredi 20 janvier répond à la lettre domin. A, ce qui convient à 954, qui est en effet la 13ᵉ année de Conrad en comptant depuis 942.

N° 1112. (B. N. L. 17715, n° 24.) *Die mercoris, in mense octubri,* x *kalendas novinbris, annos XX regnante Gondrado rege.* Il y a ici une correction à faire. Le mercredi 23 octobre répond à la lettre domin. F. Or, depuis l'avènement de l'abbé Maïeul, la première année qui satisfasse à cette condition est 961 ; et le 23 octobre 961 n'est pas dans la 20ᵉ, mais dans la 25ᵉ année du règne compté de 937. Ou bien il faut compter les années de 942, la 20ᵉ année correspond alors à 961.

N° 1251. (A. m. 322.) *Pridie kal. februarii, luna nona, anno XXVIII regnante Conrado rege.* La veille des calendes de février, 31 janvier 969. Le 31 janvier étant le 9ᵉ jour de la lune, le 1ᵉʳ jour tombe le 23, c'est-à-dire que le nombre d'or est 1, l'épacte 29, ce qui convient à l'année 969. Or, pour que 969 soit dans la 20ᵉ année de Conrad, il faut compter les années du règne depuis 942.

N° 1276. (A. m. 629.) *Feria* II, IX *kalendas martii, anno XXIX regnante Conrhado rege.* Lundi 21 février 970. En effet, le lundi 21 février a pour lettre domin. B. Or, la 29ᵉ année dans le calcul ordinaire correspond à 965-966, lettre domin. A ou G. Il faut chercher une autre année, qui ne peut être que 970, lettre domin. B. Pour que 970 soit dans la 29ᵉ année, il faut que la première parte du commencement de 942.

Voilà donc une manière de compter les années de Conrad, indiquée déjà par Le Laboureur[1], établie sur plusieurs exemples qui nous paraissent concluants.

6° *Du commencement de 943.*

La date du retour de Conrad dans ses états a été prise quelquefois, surtout dans les premières années, comme point de départ

---

1. Dans ses *Mazures de l'abbaye de l'Isle Barbe* (1681) *ou l'histoire de cette abbaye*, tome Iᵉʳ, pag. 64-66.

du règne. Nous avons, en effet, deux chartes qui établissent l'usage de ce calcul.

N° 728. (A. a. 15.) *Sub feria* IIII, x *calendas decembris, anno VI regnante Gonrado rege.* Mercredi 22 novembre répond à la lettre domin. A. Or 948 a BA. Pour que le 22 novembre 948 soit dans la 6e année de Conrad, il faut et il suffit que la 1re année commence en 943.

Le n° 781 (A. m. 513), ainsi daté : *Mense octobri, regnante Cundrado rege anno VIII,* porte la mention de l'abbé Maïeul comme placé à la tête de l'abbaye. Or, Maïeul n'étant devenu coadjuteur d'Aimard qu'en 948 au plus tôt, il suit de là que les 6 années du règne ne doivent être comptées que de 943, ce qui conduit à 950 environ [1].

Le gouvernement personnel de Conrad, émancipé de la tutelle qui pesait sur lui depuis la mort de son père, n'ayant commencé qu'en 943 [2], c'est seulement à partir de cette date que nous comptons le temps pour les actes qui portent la mention du règne en termes généraux *regnante Conrado rege,* d'autant que plusieurs renferment le nom d'Aimard, qui n'est devenu abbé qu'en 942. Tels sont les nos 650 et 651 (943-964). Les autres actes qui sont seulement datés du règne de Conrad sont les nos 652 (943-993), 653, 666 (944-989), 695 et 696 (946-991).

Pour achever ce qui concerne la chronologie du règne de Conrad, il nous reste à examiner deux actes dont les dates sont tellement extraordinaires que nous avons dû les considérer comme fausses ; il nous reste à en donner les raisons et à expliquer les changements que nous avons proposés, en priant le lecteur, si la solution lui paraît un peu hasardée, de ne pas oublier combien il y a peu d'éléments de critique dans la question qui nous occupe. Quoique ces deux actes portent la même année du règne, nous n'avons pas pu leur appliquer une règle uniforme et nous avons dû adopter un système différent dans l'un et dans l'autre cas.

N° 858. (B. N. cop. 6-85.) *In die kalendas november, sup die veneris, anno septanta regnante Gondrado rege.* A partir de 937, le règne de Conrad n'a que 57 ans de durée. Il est donc impossible de trouver la 70e année. Mais nous remarquons

---

1. Le point de départ de 942 pourrait aussi convenir pour cette charte, mais nous ne pouvons l'admettre qu'avec une preuve certaine qui nous manque.
2. Le n° 546 cité ci-dessus et daté d'octobre 942 peut passer pour une exception.

que l'acte cité ci-dessus, qui est un *dotalitium* d'Engelart à sa femme Neutelt, paraît être la suite du *sponsalitium* qui eut lieu entre les mêmes parties ; de là la nécessité de dater les deux actes de la même année. Or, le premier acte est du 27 octobre 953, comme on l'a démontré ci-dessus à propos de Charles, fils cadet de Louis d'Outremer. Afin que le second acte, c'est-à-dire le *dotalitium*, fût daté de la même année, M. Bernard avait proposé de lire à la date *septimo decimo* ; en effet, la 17ᵉ année de Conrad depuis 937 répond à 953. Le 27 octobre étant un jeudi, le 28 serait un vendredi ; mais, pour arriver à cette date, il faut introduire le chiffre v devant *kalendas*, et lire v *kalendas novembris, sub die veneris*. Après une étude attentive de la question, nous n'avons rien de mieux à proposer pour la date de cet acte.

L'autre dont nous avons à parler est le nº 1225 (A. a. 195). La date est ainsi conçue : *In die mercurii,* III *nonas aprilis, LXX anno regnante Cunerado rege*. La 70ᵉ année de Conrad n'existant point pour la raison que nous avons rappelée tout à l'heure, et cette année étant figurée au cartulaire par des chiffres romains, nous avons pensé que le rédacteur avait pu lire *LXX* au lieu de *XXX*[1]. Or, la 30ᵉ année de Conrad correspond à 967, et, en 967, le 3 avril tombait justement un mercredi.

Telles sont les solutions que nous avons cru pouvoir adopter pour des actes dont il ne nous est resté que des copies.

Nous ferons remarquer, en terminant, que certains actes passés à Cluny sont cependant datés des années de Conrad ; la raison en est qu'ils se rapportent à des biens situés dans le Lyonnais, pays qui était soumis à la domination de ce prince : on peut citer ainsi les nᵒˢ 1022 (A. m. 553), 1199 (Or. 40) et 1322 (B. N. cop. 11-63).

Enfin, nous ferons observer que si Conrad ne porte jamais le titre de roi d'Arles, il est nommé une fois roi du Jura, *regnante Gondrado regem Jurense*. Nº 1210 (B. N. L. 17715, nº 28). 966.

---

1. On a pu remarquer ci-dessus que le chiffre des années du règne de Conrad est souvent en désaccord avec les autres notes chronologiques et partant erroné, comme on est fondé à le penser.

TROISIÈME PARTIE.

CHRONOLOGIE PROPREMENT DITE.

Après avoir étudié la chronologie historique, c'est-à-dire les dates fondées sur les règnes des rois, il ne sera pas hors de propos de placer ici quelques observations sur les notes chronologiques, qui sont jointes aux années des rois, ou qui se présentent isolément, nous voulons parler de l'année de l'Incarnation, de l'indiction, de l'olympiade, etc.

1° *Année de l'Incarnation.*

La plus importante de ces notes, celle qui par la suite a dépassé toutes les autres en importance, est l'année de l'Incarnation, encore fort peu employée aux IXe et Xe siècles. En effet, nous n'en avons trouvé que 40 exemples dans plus de dix-sept cents chartes qui composent les tomes I et II des Chartes de Cluny, savoir : Nos **2**[1] (813), 31 (887), 33 (888), 64 (898), **70** (900), 78 (902), 105 (909), **223** (920), **242** et **245** (924), **285** (927), **417** (934), 491 (939), **627**, **628** et **631** (943), 724 (948), 738 et 743 (949), 824 et 825 (952), 864 (953). Dans le tome II : Nos 993, 1004 et 1007 (956), 1021 et 1038 (957), **1052** (958), 1078 (960), **1127** (962), 1156 (963), **1262** (969), 1297 (971), 1450 (978), 1494, 1500, 1501, 1502 (979), 1553 (981) et 1715 (985). On peut remarquer que dans cette période de plus de 170 ans, l'usage de l'année de l'Incarnation n'est pas borné aux diplômes[2], mais qu'il tend à se répandre de plus en plus dans les actes privés ; elle se présente d'ailleurs presque toujours comme l'accompagnement de l'année du règne.

Une dernière remarque sur l'année de l'Incarnation, c'est qu'elle commençait encore au 1er janvier en Bourgogne au Xe siècle. Nous en avons pour preuve la charte n° 1078, datée du mercredi 11 janvier 960, qui correspond bien en effet à l'année 960,

---

1. Les nos gras sont ceux des diplômes.
2. Les diplômes datés de l'an de l'Incarnation sont au nombre de 14, dont 1 de Louis le Pieux, n° 2, acte apocryphe ; 1 de Rodolphe Ier, n° 33, 4 de Louis l'Aveugle, nos 70, 223, 242, 245 ; 1 de Raoul de France, n° 285 ; 1 de Hugues et Lothaire, n° 417 ; 5 de Conrad, nos 627, 628, 631, 1052, 1127, et 1 de l'empereur Othon Ier, n° 1262.

et non pas à 961, comme cela aurait lieu si l'année avait commencé alors à Pâques.

2° *Indiction.*

Nous avons 43 exemples d'indictions; sur ce nombre 28 sont conformes au tableau des indictions inséré dans les tables de l'*Art de vérifier les dates*, 15 sont fausses, savoir : celles des chartes n°⁸ 2, 70, 105, 285, 396, 397, 398, 417, 631, 743, 763, 825, 994, 1067 et 1297. Si on laisse de côté les chartes privées et que l'on cherche dans quels diplômes se trouvent les indictions fausses, on les rencontre dans ceux des rois dont les noms suivent : Louis le Pieux (acte fabriqué), Louis l'Aveugle, Raoul de France (4), Hugues et Lothaire, son fils, Conrad le Pacifique, Louis d'Outremer et Lothaire [1].

Il faut remarquer que le scribe a compté quelquefois l'indiction de deux manières différentes, pour une seule et même année. Ainsi l'on trouve pour 950, indiction VI et indiction VIII dans deux diplômes de Louis d'Outremer, l'un du 3 février, l'autre du 8 juin (n°⁸ 763 et 774)[2]; et pour l'année 952, indiction X et indiction III (n°⁸ 824 et 825). Ces exemples montrent combien le calcul des indictions est incertain et à quelles erreurs on s'exposerait en s'attachant uniquement à cette note chronologique.

3° *Olympiades.*

On trouve dans les chartes de Cluny deux exemples de cette ère empruntée à l'histoire grecque et qui a été ressuscitée au milieu de la barbarie du x° siècle, par un clerc savant. Quoique l'un de ces exemples ait déjà été cité dans l'*Art de vérifier les dates,* nous croyons utile de reproduire ici les textes qui mentionnent les olympiades.

N° 999. (A. b. 138.) *Data in mense maio, ebdomada prima ejusdem mensis, anno imperii Lotharii regis, filii Ludovici regis secundo, prima Olimpiadis. Eo tempore Rodulfus quidam scripsit.* 956, du 1ᵉʳ au 3 mai.

N° 1004. (B. N. cop. 8-224 et B. o. 321-CCCXVIIII.)

---

[1]. Voici les n°⁸ qui répondent à ces actes : 2, 70, 285, 396-398, 417, 631, 763 et 1067.

[2]. Le chancelier paraît être le même dans ces deux actes, quoique la forme de son nom soit différente, *Oydilo* et *Dedilo*.

Anno dominicœ incarnationis DCCCCLVI, anno autem secundo imperii Lotarii regis, extante indictione XV, prima Holimpiadis. Haec descriptio facta a Rodulfo levita est, imminente jam novissima ebdomada octobrii mensis. 956, 25 (?) octobre.

D'après le calcul ordinaire, la 1re année de la 195e olympiade ayant commencé le 1er juillet de l'an 1 de l'ère de Jésus-Christ, le mois de mai 956 doit se trouver dans la 3e année de la 433e olympiade, et le mois d'octobre 956 dans la 4e année de la même olympiade, qui se termine au 30 juin 957. On voit que ni l'une ni l'autre de nos deux dates ne se trouve dans la 1re année d'une olympiade; d'ailleurs, l'olympiade commençant au 1er juillet, il est évident que ces deux dates ne peuvent appartenir à la même olympiade. Quel est donc le sens des mots *prima olympiadis?* Nous pensons qu'il ne faut pas introduire ici le calcul régulier des olympiades, abandonné comme l'enseigne un ancien auteur, *Cedrenus,* depuis le moment où s'introduisit l'indiction. Il nous semble que l'on doit plutôt se ranger à l'opinion des Bénédictins exprimée par eux dans l'édition du *Glossaire* de Du Cange, de 1733 (V° *Olympias*), à savoir qu'au moyen âge l'olympiade était simplement une période de quatre années. Dans ce système, en effet, la 2e année de Lothaire tout entière se trouverait bien dans la 1re olympiade de son règne; il est vrai qu'il faudra lire la date comme s'il y avait *prima olympiade,* au lieu de *prima olympiadis*[1].

4° Date du jour du mois.

Le jour du mois est indiqué, en général, dans les chartes de Cluny des IXe et Xe siècles, suivant l'usage romain par les nones, ides et calendes. Le 1er du mois est souvent annoncé sous cette forme : *In mense calendes maiis,* 1er mai (n° 1283); *in mense calendes marcio* ou *calendas marcias,* 1er mars (n°s 1150 et 1151). Quelquefois la formule peut donner lieu à quelque doute, comme au n° 405 : *Mense decembrio,* x *kal. ejusdem mensis.*

---

1. On peut voir dans Du Cange des exemples du sens que nous attribuons au mot olympiade. Cette opinion est aussi celle des auteurs du *Nouveau traité de diplom.*, t. IV, p. 703, et M. Bernard l'a exposée assez longuement dans une brochure intitulée : *Observations sur le sens du mot olympiade,* employé dans les actes du moyen âge. Extrait du XXIIe volume des Mémoires des Antiquaires de France. In-8°, 8 pages, 1854.

D'une part, le 10 des calendes de décembre doit se trouver dans le mois de novembre ; mais d'autre part la mention formelle *mense decembrio* nous a engagé à dater cet acte du 23 décembre, qui est le 10 des calendes, qui se trouve dans le mois de décembre.

Deux fois nous avons rencontré le calcul direct des jours du mois. N° 1512. (A. m. 742.) *Data mense februario, die* XX *regnante Lothario rege, anno XXVI*. 980, 20 février. Dans un autre exemple, le calcul des ides est accompagné du chiffre des jours dans l'ordre direct. N° 779. (A. o. 42.) *Actum Cluniaco monasterio,* V *idus octobris..... Ego Rodulfus levita scripsit* XI *die mensis octobris, anno XV regnante Ludovico rege.* 11 octobre, 950. Le 5 des ides est en effet le 11 octobre.

Le quantième du mois est indiqué quelquefois au moyen de l'âge de la lune au même jour. Nous avons quelques exemples de ce calcul fort rare au Xe siècle, et en général fort irrégulier. N° 151. (A. b. 49.) *Facta carta dominica die, luna XVII.* N° 184. (A. b. 155.) *Mense februario, feria secunda, luna nona*. Dans ces deux exemples, l'année n'étant pas indiquée, la vérification du jour n'a pas été possible. N° 1251. (A. m. 322.) *Data pridie kal. februarii, luna nona, anno XXVIII regnante Conrado rege*. Nous avons montré ci-dessus, grâce au jour de la lune, qui nous a fourni l'épacte et le nombre d'or, que cet acte doit être daté du 31 janvier 969.

5° *Date du jour de la semaine.*

Les jours de la semaine sont désignés par les noms païens, *die lunæ* ou *lunis, martis, mercurii,* etc., quelquefois par la férie à partir du milieu du Xe siècle[1]. Mais ce qu'il faut remarquer, c'est que les scribes qui ont rédigé les cartulaires au XIe siècle ont fait disparaître les noms païens et les ont remplacés presque partout par la férie correspondante. (Exemples : n°s 1173, 1174, 1201, 1292, 1328, etc.) Quelquefois les deux dates sont employées concurremment. N° 1258. (B. N. cop. 10-151.) *Sub die dominico, feria* I, *in mense maio*. Mai 969[2].

---

[1]. N° 821 (or. 30), *feria III*, 952 ; n° 877 (B. N. Lat. n. a. 2154, n° 13), *feria IIII*, 954, etc.

[2]. Il arrive aussi que de deux copies du même acte l'une porte le nom païen, l'autre la férie. Exemple : n° 850, A. a. 100, *die veneris ;* A a. 278, VI *feria*.

Nous avons un exemple dans lequel le mot férie paraît désigner le jour du mois et non plus celui de la semaine. N° 778. (B. N. cop. 8-38.) *Mense octobrio, in sexta feria ejusdem mensis, anno XV regnante Ludovico rege.* Nous avons daté cet acte du 6 octobre 950. Car, dans une note jointe à la copie (*Chartes et diplômes,* t. VIII), D. Grenier assure avoir vu des exemples de cet emploi du mot *férie*.

Les autres notes chronologiques, telles que l'épacte, les concurrents et le cycle lunaire ne figurent pas dans nos actes.

EXPLICATION DES ABRÉVIATIONS

EMPLOYÉES DANS CE TRAVAIL.

B. N. Or.	*signifie*	Bibliothèque Nationale, originaux.
B. N. L.	—	Bibliothèque Nationale, fonds latin.
B. N. Lat. n. a.	—	Bibliothèque Nationale. Latin, nouvelles acquisitions.
B. N. cop.	—	Bibliothèque Nationale, collection Moreau. Chartes et diplômes, tel volume, tel folio.
A. b.	—	Cartulaire A de Cluny. Bernon.
A. o.	—	— — — Odon.
A. a.	—	— — — Aimard.
A. m.	—	— — — Maïeul.
B.	—	Cartulaire B de Cluny.
C.	—	Cartulaire C de Cluny.
D.	—	B. N. fonds lat. 5459.
E.	—	B. N. fonds lat. 5458.

Imprimerie Daupeley-Gouverneur, à Nogent-le-Rotrou.

www.ingramcontent.com/pod-product-compliance
Lightning Source LLC
LaVergne TN
LVHW050557090426
835512LV00008B/1213